뉴욕은 어떻게
뉴욕이 됐을까?

# 뉴욕은 어떻게
# 뉴욕이 됐을까?

## 뉴욕 핫플레이스의 어제와 오늘

휴앤스트리

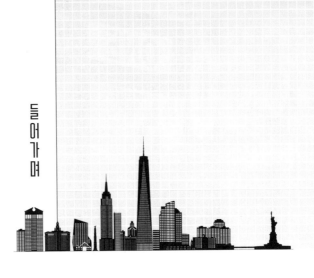

어떻게 하다 보니 벌써 세 번째로 뉴욕에 관한 글을 쓰게 되었다. 처음에는 그저 잠시 뉴욕살이했던 소중한 기억을 잘 정리해 보자는 생각으로 시작했는데, 세 권째가 되다 보니 슬며시 걱정이 앞선다. 나보다 뉴욕에 훨씬 더 오래 살고, 더 많이 경험하고, 더 잘 아는 사람들이 얼마나 많은데, 고작 3년 살아 본 경험으로 이렇게 계속 글을 쓰는 게 맞나 하는 생각이 들어서다.

3년 살이만으로 뉴욕을 온전히 담아내어 누군가에게 알려준다는 건 사실 쉽지 않은 일이다. 그래도 이렇게 용기를 낸 이유는 내게 한 가지 강력한 무기가 있기 때문이다. 그건 뉴욕에 대한 애틋함이 남다르다는 것이다. 드라마 〈이상한 변호사 우영우〉의 주인공 우영우가 좋아하는 고래처럼 누구나 어떤 기억을 떠올릴 때면 괜히 마음이 편해지고, 누군가에게 자꾸 말하고 싶고, 생각만 해도 기분이 좋아지는 대상이 한두 개쯤은 있을 것이다. 내게는 뉴욕이 그렇다.

그래서 그곳에서 지낸 3년은 내게 아주 각별하다. 40대를 보내고 50대로 접어들 무렵, 완전한 이방인이면서도 온전히 뉴요커로 살았던 그 시간이 내 인생에 한 획을 그어, 너무나 흥미롭고 다채로우면서도 새로운 경험과 기억으로 남았다. 조금은 지루하고 느슨해질 무렵 신선한 충격을 선사한 그 시간이 분명히 내 인생을 조금은 더, 아니 상당히 풍요롭게 해 주었기에 더욱 글로 남겨 여러 사람과 공유하고 싶었고, 이런 마음이 열망이 되어 지금까지 뉴욕을 주제로 한 글쓰기로 이끈 것 같다.

전작 『메트로폴리탄 뉴욕』과 『메트로폴리탄 뉴욕Ⅱ』에 이어 3편이라고 할 수 있는 이 책에서는 많은 이들이 관심을 가질 만한 '핫플레이스'와 뉴욕만의 '특색' 등을 주제로 이야기를 풀어 보았다. 개인적으로 가장 이야기하고 싶었던, 뉴욕의 대표적인 핫플레이스와 특징들을 골라 뉴욕이 어떻게 지금의 뉴욕이 되었는지, 어제와 오늘에 얽힌 이야기 20편을 다루어 보았다.

뉴욕에 살면서 보고 겪은 뉴욕만의 독특한 면모들을 있는 그대로의 '팩트'와 개인적인 느낌을 섞어 뉴욕에 관심이 있는 독자라면 누구나 흥미를 느낄 수 있도록 최대한 풍부한 정보와 체험담을 담아 전달하고자 애썼다. 시간이 있을 때마다 발품을 팔아 맨해튼 곳곳 여러 서점을 돌며 운 좋게 구할 수 있었던 옛 서적과 기록을 참고하면서 비하인드 스토리를 찾아 헤매었던 경험이 이 책을 쓰는 데 많은 도움이 되었다.

직접 뉴욕을 가 보았든 가 보지 않았든 상관없이 이 책을 읽는 독자가 어떤 대상에 새로움과 흥미를 느낄 수 있다면, 그 하나하나가 한 사람의 인생을 풍요롭게 하는 소중한 편린으로 남을 수 있다고 생각한다. 또한 모두에게 너무나 익숙한 공간들이지만 그곳에 얽힌 옛이야기와 오늘날의 변화된 모습을 접하면서, '이곳이 예전엔 이랬는데 지금은 이렇게 된 거였구나.' 또는 '지금의 뉴욕이 이렇게 이루어진 거였구나' 하고 새로움과 흥미로움을 발견할 수 있다면, 글을 쓴 보람이 매우 클 것 같다.

끝으로 2022년 4월부터 2023년 4월까지, 격주로 강원일보 칼럼으로 소개한 글이 책으로 나오기까지 따뜻이 격려해 주신 〈강원일보〉 박진오 사장님께 감사의 말씀을 드리고, 늘 곁에서 힘이 되어 주는 사랑하는 아내 주희, 두 아들 원우와 원서에게 고맙다는 말을 전한다.

우리가 어떤 도시를 스칠 때, 그곳을 이해하고 또 느끼는 방법은 참으로 다양합니다. 대부분은 그곳의 속내를 톺아보기보다는 낯선 풍경이 주는 표피적 느낌을 도시 이미지로 등치(等値)시키는 오류를 범하는 경우가 많습니다.

그런 면에서 최재용 한국은행 강원본부장이 펴낸 이 책은 도시가 단순히 콘크리트 건물과 아스팔트 길로 이루어진 인공적 공간이 아님을 말하고 있습니다, 뉴욕이라는 도시가 타임스퀘어, 센트럴 파크 등으로 기억되는 물리적 공간 안에만 머물지 않고 역사와 문화, 예술이 어우러진 유기체, 인간 정신의 복합적 집합체라는 점을 우리 모두 이해할 수 있게 합니다.

이 책에서 전하는 메트로폴리탄(metropolitan) 뉴욕에 대한 통찰력 있는 이야기는 독자들이 뉴욕의 어느 거리 한복판에 서 있거나,

그곳을 걷고 있는 것 같은 생생한 경험을 제공합니다. 하지만 단순히 여행가이드 역할을 하지는 않습니다. 역사적 지식과 인문학적 소양을 저변에 둔 그의 글쓰기는 뉴욕에 대한 웅숭깊은 탐방을 가능하게 할 것으로 확신합니다.

이 책을 읽는 독자 여러분은 어느새 뉴욕을 추억하며, 느끼고 사랑하는 자신을 발견할 수 있게 될지도 모릅니다. 심지어 뉴욕에 간 적이 없는 분들도 말이죠. 뉴욕이라는 도시가 어떻게 오늘에 이르게 됐고, 사람들의 삶과 연결되어 있는지 독자 여러분은 느끼게 될 것입니다.

모두 미국의 대표적인 도시이자 세계의 수도라 할 뉴욕을 읽으며, 나를 찾는 여행을 떠나보시길 바랍니다.

한국지방신문협회 회장 강원일보 대표이사 사장

박 진 오

들어가며

추천의 글

# #01

# 메트로폴리탄 뉴욕은
# 어떻게 이루어졌나?

　　해외 근무 발령으로 뉴욕에 거주할 기회가 있었
다. 영화나 뉴스 속 먼 나라 도시라고만 여겼던 뉴욕에 집을 얻어 회
사에 출퇴근하면서 갑자기 뉴요커가 되었던 그 시간은 내게 상상이 현
실이 되었던, 다시 경험하기 어려운 소중한 시간이었다.

　특히 한인들이 많이 사는 뉴저지나 퀸스 같은 맨해튼 외곽이 아니
라 시내 한복판 미드타운에 아파트를 얻어 살다 보니 현지 뉴요커들의
일상을 더 직접적으로 체험할 수 있었다. 맨해튼 구석구석을 자주 다
니다 보니 누구나 알 만한 소위 '뉴욕 핫플레이스hot place'들의 과거와
현재에 얽힌 많은 이야기를 접할 수 있었고, 이에 관심과 흥미를 느끼
다 보니 중고 서적이나 옛날 사진, 현지인들의 소개나 비하인드 스토리
등을 더 찾아보게 되었다.

　이미 알려진 내용도 많지만 직접 찾아보지 않고서는 알기 어려운 재
미있는 이야기들도 많아, 이 기회에 뉴욕의 랜드마크나 뉴욕만의 특색
등의 이면에 알려지거나 숨겨진 이야기들을 하나하나 풀어 소개해 보
려 한다.

그 첫 번째 이야기는 지금의 메트로폴리탄 뉴욕이 어떻게 이루어지고 발전해 왔는지, 역사와 형성 과정에 대한 것이다. 계속 이어질 소주제별 설명은 분명 역사적인 사실이지만 전체적인 이야기에는 개인적인 느낌이나 경험도 담겨 있는 만큼, 개인적인 체험이 다르더라도 넓은 이해와 아량 속에 읽혔으면 하는 바람으로 이야기를 시작해 본다.

◆ 1860년대 뉴욕. 맨해튼 남단 배터리 파크(Battery Park)와 거버너스 아일랜드(Governor's Island) 사이를 배들이 지나가는 모습(자료: The Historical Atlas of New York City, 2004)

뉴욕 맨해튼섬은 이탈리아 항해사 베라짜노 Giovanni da Verrazzano가 중국을 왕래하기 위한 항해로航海路를 찾던 중, 1524년에 처음 발견하였다는 것이 정설이다. 맨해튼의 어원은 당시 원주민이었던 인디언들이 이 섬을 'Manhatta'라 부르던 것에서 유래되었다고 한다. 베라짜노에 따르면 발견 당시 원주민들은 '새털로 치장한 형형색색의 옷을 걸치고 매우 친절하게, 환호성을 지르며' 일행을 맞았다고 한다.

섬은 아름다운 자연 그 자체로 대단히 경이로웠다고 하는데, 이들이 본국으로 귀환하고 실제 정착이 이루어진 건, 발견 이후 100년이 지나서였다. 1609년 네덜란드 상인 허드슨Henry Hudson이 맨해튼섬에서 쉽게 구할 수 있는 비버beaver 가죽으로 모피 무역을 하자고 제안한 것을 서인도회사Dutch West India Company가 받아들여 무역거래소를 설치하였고, 1624년에 네덜란드 이주민들이 지금의 거버너스 아일랜드Governors Island에 정착한 것이 시초라고 한다.

구전에 따르면 1626년 네덜란드 총독Peter Minuit이 지금의 다운타운 지역인 '볼링 그린Bowling Green'에서 원주민들에게 60길더Guilder에 해당하는 구슬과 장신구를 주고 맨해튼섬을 통째로 매입했다는 설도 있다.

당시 네덜란드인들은 맨해튼섬을 '뉴 암스테르담New Amsterdam'으로 이름 지었다. 이들의 정착은 17세기 중반까지 계속되었는데, 초기 정착은 지금의 다운타운 부근에서부터 시작되었다. 당시 네덜란드인들은 거주 지역과 식민 지역을 구분하기 위해 일종의 벽Wall을 쌓았다고 하는데, 당시 거주 지역의 북쪽 라인을 이룬 벽이 현재 '월 스트리트Wall Street'의 기원이다. 이 라인은 1664년 영국에 정복되기 전까지 영국에 대항하는 일종의 저항선이 되기도 하였다.

영국은 뉴 암스테르담을 차지한 후 이곳을 철저히 상업지구로 운영하였는데, 이것이 후에 뉴욕이 전 세계 상업기지로 도약하게 된 배경이 되었다고 한다. '뉴 암스테르담'은 1664년 영국의 지배가 시작되면서부터 '뉴욕New York'으로 이름이 바뀐다. 'York'는 당시 영국의 왕제王弟 '요크York 공작'의 이름에서 따온 것이다. 뉴욕은 독립전쟁 당시 최고의 격전지 중 하나였고, 1789년 조지 워싱턴이 초대 대통령으로 취임한 곳이었으며, 아주 짧은 기간1789~1790년 미국의 수도이기도 했다.

우리는 보통 뉴욕이라고 하면 화려하고 다채로운 모습으로 가득한 맨해튼을 상상한다. 하지만 엄밀하게 말하면 뉴욕은 뉴욕시New York City를 가리키며, 맨해튼을 포함하여 브루클린, 브롱크스, 퀸스, 스태튼 아일랜드 등 총 5개 자치구Borough를 모두 포괄하는 지역을 의미한다. 물론 뉴욕시는 뉴욕주State of New York와는 또 다르다. 뉴욕주는 뉴욕시를 포함하여 좌측으로 뉴저지, 동쪽으로 매사추세츠, 북쪽으로 나이아가라 폭포 인근까지 광활한 북동부 지역을 포괄하는, 뉴욕시보다 훨씬 넓은 지역(Albany가 주도(主都)이다)을 이른다.

◆ 뉴욕시의 5개 자치구

◆ 1850년대 월 스트리트

최근 뉴욕에서 가장 힙한 도시로 떠오르는 브루클린Brooklyn은 한때 'Broken Land'라고 불릴 만큼 조용하고 정적인 도시였다. 영국의 문호 찰스 디킨스Charles Dickens가 브루클린을 가리켜 '뉴욕의 숙소Sleeping-Place'라고 말했다고도 하고, 19세기 미국 화가들은 초기 브루클린을 아주 단조롭고 투박한 시골 마을로 묘사하곤 했다.

1814년 브루클린과 맨해튼섬을 잇는 페리호가 개통되면서 브루클린은 점차 활기를 띠기 시작하였고, 맨해튼이 국제적인 상업 도시로 급부상하면서 숙박 시설 건축 붐을 이루며 성장하였다. 결정적으로는 1883년에 브루클린 브리지Brooklyn Bridge가 놓이면서 맨해튼의 일부가 되었고, 1894년에 뉴욕시로 정식 편입되었다.

대서양과 이스트강East River 사이에 위치한 퀸스Queens는 영국 지배 당시 찰스 2세 비妃를 기념하여 명명되었다고 한다. 1898년 뉴욕시에 편입된 후 퀸스버러Queensborough 브리지1909, 롱아일랜드 철도 터널1910, 헬게이트Hell Gate 브리지1917가 차례로 준공되면서 맨해튼과 브롱크스 인근 거주 지역으로 떠오르게 되었다. 지금은 뉴저지에 형성되어 있는 한인타운도 한때는 퀸스 플러싱 지역에 넓게 분포되어 있었다.

중국인이나 히스패닉 등 많은 외국인이 거주하는 지역으로 이제 고급 이미지와는 거리가 멀어졌지만, 19~20세기 초에는 상류층 주택가가 즐비하고 각종 대규모 행사가 개최되는 등 꽤 고급스러운 분위기였다고 한다. 매년 US오픈 테니스대회가 열리는 플러싱 메도스 코로나

파크Flushing Meadows-Corona Park는 과거에 국제 이벤트 행사장으로 주로
이용되었다.

◆ 1930년대 후반 맨해튼(당시 우편엽서 그림)

뉴욕 북부 브롱크스Bronx는 17세기 뉴 암스테르담 시절 이 지역 최초
정착민인 Jonas Bronx의 이름에서 유래된 지명이다. 1989년에 뉴욕
시로 정식 편입되었으며, 맨해튼 순환 전철이 연결되면서 급성장하였
다. 흑인 밀집 주거지인 동시에 위험 지역으로 인식되는 지금과는 달리
19세기에는 상류층 맨션이 밀집한, 상당히 귀족적인 주거지였다. 뉴욕
이민자 가운데 경제적으로 어려운 계층은 남부 지역에 머물고, 형편이
좋은 층은 북쪽으로 이동했기 때문이었는데, 관광지로 유명한 뉴욕식
물원New York Botanical Garden이 과거 이 지역에서 잘나가던 공장을 복원

한 것이라고 하니 과거의 영광을 대충 짐작할 수 있을 것 같다.

  뉴욕시 자치구 중 가장 크기가 작은 스태튼 아일랜드Staten Island는 17세기 영국 지배 당시 찰스 2세의 혼외자 리치먼드 공작의 이름을 따서 한때 리치먼드 구Richmond Boruogh로 불리기도 하였다. 1898년 뉴욕시에 정식 편입되었으며, 편입 당시에는 거의 촌마을에 가까웠다고 한다. 지금도 뉴욕시 중 가장 이질적인 지역으로, 페리가 아니면 갈 수 없을 정도로 교통이 불편하고, 뉴욕시 가운데 유일하게 공화당 지지 구역이며, 여전히 틈만 나면 뉴욕시에서 독립하자고 주장하는, 아주 이색적인 자치구이다.

# #02

# 뉴욕이 걸어온 길,
# 브로드웨이 · I

　　뉴욕 맨해튼은 생전 처음 가 보는 사람도 반나절만 걸어 돌아다니다 보면 대충은 길을 알 수 있을 만큼 길 찾기가 쉽다. 맨해튼 거리가 바둑판처럼 가로Street, 세로Avenue 격자형으로 되어 있기 때문인데, 맨해튼 거리 가운데 거의 유일하게 남북 사선형으로 길게 뻗은 큰길 하나가 눈에 크게 띈다. 이게 바로 브로드웨이Broadway다. 말 그대로 '넓은 길'이다.

　　처음 타임스퀘어 부근 뮤지컬 극장가에 가서 브로드웨이 표지판을 보고 '아, 여기가 뮤지컬로 유명한 그 브로드웨이로구나!' 하고 반가워했던 기억이 난다. 그런데 살면서 보니, 타임스퀘어가 아니라 다운타운 다른 지역에 가도 또 브로드웨이가 나오는 게 아닌가!

　　타임스퀘어 뮤지컬 극장가엔 7번 애버뉴와 8번 애버뉴 사이에 샛길처럼 브로드웨이가 있지만, 조금 더 남쪽으로 내려가면 5번 애버뉴와 6번 애버뉴 사이에, 더 아래로 내려가면 3번 애버뉴와 파크 애버뉴(맨해튼에는 4번 애버뉴가 없다) 사이에 브로드웨이가 있다. 나중에야 브로드웨이가 어떤 구역 명칭이 아니라 맨해튼의 수많은 거리 중 그저 하나를 지칭하는 '거리 이름'임을 알게 되었다. 즉, 브로드웨이는 맨해튼 북서쪽에서 남동쪽으로 길게 사선으로 뻗친 대로를 가리키는 고유명사인 것이다.

그렇다면 어떻게 한낱 거리 이름인 브로드웨이가 뉴욕의 많은 뮤지컬 극장과 동일시되는 상징어처럼 된 걸까? 그것은 짐작대로 뮤지컬 극장 대부분이 브로드웨이 주변에 밀집해서 발전해 왔기 때문이다. 그런데 재미있는 건 브로드웨이 뮤지컬 극장이 지금처럼 미드타운 타임스퀘어 부근에 밀집하게 된 지가 그리 오래되지 않았다는 점이다.

지금의 브로드웨이 극장들은 20세기 이후부터 하나둘 생겨난 것이고, 이전에는 맨해튼 남쪽 배터리 파크 부근, 브로드웨이가 시작하는 지역브로드웨이 1번지에 화려한 극장, 식당, 상점들이 더 많이 군집해 있었다. 즉 뉴욕의 발전은 브로드웨이를 따라 아래에서 위로 옮겨가면서 이루어져 왔다고 해도 과언이 아닐 만큼 브로드웨이의 역사는 곧 뉴욕이 성장해 온 발자취라 할 수 있다. 이에 잠시 브로드웨이의 역사를 살펴보는 것도 뉴욕을 이해하는 데 매우 흥미로운 추적이 될 것 같다.

브로드웨이의 기원에 대해선 여러 설이 많은데, 가장 유력한 건 뉴욕 초창기 네덜란드 지배 당시 네덜란드 거주인들이 거주 영역을 표시하기 위해 다운타운에 설치했던 북벽Wall Street의 한 통로(남쪽 거주 지역과 북쪽 원주민 지역을 잇는)로 큰길을 하나 뚫었던 데서 발단되었다는 설이 유력하다.

처음 명칭은 'The Principal Street, Principal Road'였는데 영국이 지배하게 되면서부터 'Broad Way, Broadway Street, Broadway'로 명명되었다고 한다. 맨해튼의 남쪽 끝 브로드웨이 1번지는 미국 초대 대통령 워싱턴이 집무실로 썼던 '워싱턴 하우스Washington House'가 있던 자리로서 현재 미국의 출발점이 된 역사적인 장소이다.

뉴욕의 역사가 맨해튼 다운타운에서 시작된 만큼 연극이나 뮤지컬 등 엔터테인먼트 역시 다운타운에서 시작되어 점차 맨해튼 북쪽 지역으로 퍼져 나갔다. 당시 다운타운 브로드웨이 부근에는 엔터테인먼트뿐 아니라 다양한 상업 활동이 번성하였는데, 상업 활동은 월 스트리트 부근에서 계속 번창하여 지금의 금융 1번지, 월 스트리트가 되었고 나머지 엔터테인먼트 사업만 북상하였다고 한다. 이때 주된 경로가 바로 브로드웨이였으며 지금처럼 미드타운 타임스퀘어 부근 브로드웨이에 뮤지컬·연극 극장들이 밀집하게 된 건 20세기에 접어들었을 때부터다.

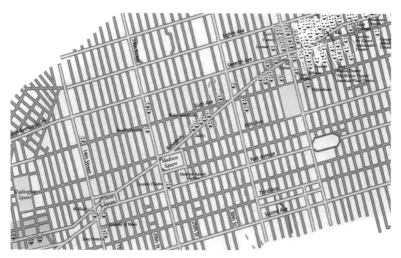

◆ 브로드웨이 극장가의 북상(다운타운→미드타운)
　(자료: The Historical Atlas of New York City, 2004)

뉴욕
핫플레이스의
어제와 오늘

뉴욕에서 최초로 공연된 연극은 1732년 파커Farquhar의 〈The Recruiting Officer〉로 알려져 있다. 당시 영국에서는 극장이 공연장의 역할뿐 아니라 사회적인 이슈가 있을 때 사람들이 모여 데모하는, 일종의 사회운동 집합소 같은 역할도 하고 있었다. 미국도 이 같은 흐름을 받아들여 극장이 단순히 예술 공연만 하는 장소는 아니었다고 한다.

1776년 미국 워싱턴 연합군이 할렘Harlem Height 전투에서 영국을 이겼을 때 제일 먼저 발표한 칙령 중 하나도 극장John Street Theater을 다시 개관하는 것이었다. 그만큼 브로드웨이 극장은 시민들의 자유정신이 표출되는, 의미 있는 공간으로 자리매김했던 것이다. 1798년 지금의 다운타운 브로드웨이 부근에 있었던 극장, 'The Park Theater'만 해도 객석 수가 2,400개, 소공연 박스가 42개에 달했다고 하니 당시 브로드웨이 극장의 규모가 얼마나 컸는지 대충 짐작할 수 있다.

19세기에는 다운타운 브로드웨이 이외에도 여러 곳에서 극장 공연이 활발하였는데, 대표적으로 지금의 이스트 소호, 즉 맨해튼 동남부 지역에 위치한 보워리 극장Bowery Theater이 브로드웨이 극장에 견줄 만했다. 브로드웨이 극장이 세련되고 영국적인 공연을 올렸다면, 보워리 극장은 대중적이고 미국적인, 애국심에 호소하는 공연을 많이 올렸다고 한다.

당시 다운타운 지역에는 상대적으로 고소득층인 영국계 거주민이

◆ 상업의 중심, 사교와 패션의 중심, 극장 밀집 지역으로 활기가 넘쳤던 1875년 다운타운 브로드웨이 일대 모습

◆ 브로드웨이의 현재 모습

많이 살았고, 남동쪽 이스트 소호 지역에는 저소득층인 이주민이 많이 살아 계층 간 갈등이 심했다고 하는데, 이런 사회경제적 차이가 공연 문화의 차이로도 표출된 것이다. 실제로 1849년 5월, 영국인 배우 W.C. Macready가 브로드웨이 극장에서 공연하던 중, 극장 밖에서 보워리 극장 출신인 미국 배우 Edwin Forrest의 팬들과 경찰이 충돌하는 바람에 22명이 사망하는 대참사가 벌어지기도 하였다.

◆ 브로드웨이의 현재 모습

# 03

# 뉴욕이 걸어온 길,
# 브로드웨이 · II

타임스퀘어 부근 브로드웨이와 7번 애버뉴가 만나는 지역에 지금처럼 극장가가 번영하기 시작한 건 정확히 맨해튼 순환 전철이 들어선 1904년부터였다. 이곳은 맨해튼의 양대 기차역인 '그랜드 센트럴 터미널Grand Central Terminal'과 '펜 스테이션Pennsylvania Station'에서 비슷한 거리, 삼각형을 이루는 꼭짓점으로 두 역과 접근성이 좋아 맨해튼 밖에 사는 관객들이 기차로 통행하기 쉽다는 지리적 이점도 있었다.

음악과 춤, 노래가 결합한 브로드웨이 뮤지컬은 영국에서 인기를 누리던 전통적 대중음악극이 발전된 것으로 알려져 있는데, 영국에서 시작된 뮤지컬 코미디가 20세기 초 미국으로 건너와 지금과 같은 브로드웨이 뮤지컬로 자리매김한 것으로 보는 견해가 많다.

TV가 등장하면서 20세기 중반 잠시 침체기를 겪기도 했으나 1970~80년대를 거쳐 〈지저스 크라이스트 슈퍼스타〉1971, 〈캣츠〉1981, 〈오페라의 유령〉1986 등 영국산 흥행작들이 대거 등장하면서 세계적으로 주목받기 시작하였고, 〈아가씨와 건달들〉1992, 〈헤드윅〉1994, 〈시카고〉1995, 〈라이언 킹〉1997, 〈위키드〉2003 등 미국산 뮤지컬이 연거푸 폭발적인 흥행을 거두면서 지금의 브로드웨이 뮤지컬로 굳건히 자리매김하게 되었다.

◆ 1920년대 브로드웨이 극장가

◆ 최근 브로드웨이 극장가

뉴욕
핫플레이스의
어제와 오늘

뉴욕 브로드웨이 극장가Theater District가 예전과 달라진 점이 있다면, 지금은 관람객 수가 훨씬 많아졌고 레퍼토리도 훨씬 다양해졌다는 것 정도일까. 아주 오래된 건물을 약간 고치기만 해서 그대로 이용하는 경우가 많다. 뮤지컬이 끝난 늦은 밤, 귀가하는 관객들을 태우기 위해 극장 앞에 즐비하게 늘어선 전동인력거와 극 시작 전이나 브레이크 타임에 초콜릿이나 과자 매대를 메고 관객석을 왔다 갔다 하는 젊은 판매원들의 모습 등 몇십 년이 지나도 한결같은 풍경을 구경하는 것도 재미있다.

◆ 브로드웨이 현재 모습

이제는 브로드웨이 극장이 과거처럼 사회운동의 집합소 같은 역할을 했다는 전통을 찾아보기 어렵다. 하지만 지금도 가끔 브로드웨이를 통한 시민의식의 발로<sub>發露</sub> 같은 것들이 보이기도 한다. 필자가 뉴욕에 머물던 2016년 말, 트럼프 대통령 당선 직후에 벌어진 일화 하나를 소개한다.

선거가 끝난 후 펜스 부통령 일행이 당시 선풍적 인기를 끌었던 뮤지컬 〈해밀턴Hamilton〉을 관람하러 간 적이 있다. 그런데 그날 뮤지컬 출연 배우들이 무대 시작 전 퍼포먼스를 선보였다. 트럼프 정부가 미국의 자유정신을 해친다며 공연에 앞서 일렬로 서서 비난 성명서를 낭독한 것이다. 맨 앞줄에 앉아 있던 펜스 부통령 일행은 한마디 대꾸도 하지 못한 채 이 퍼포먼스를 코앞에서 멍하니 바라보아야만 했다. 이 장면이 당시 미국 언론을 뜨겁게 달구었는데, 시민의식의 발로 역할을 한 예전 브로드웨이의 자유정신이 이 시대에 재현된, 좋은 예가 아닌가 한다.


누구나 다 알 만한 글로벌 히트작인 경우, 160~200달러 정도면 1층 오케스트라석에서 볼 수 있다. 브로드웨이 뮤지컬을 좀 저렴하게 보려면 맨해튼 곳곳의 티켓판매소(TKTS, 당일 티켓을 반값에 판매)를 이용하거나, 구할 확률은 낮으나 인터넷에서 헐값에 파는 로터리 티켓에 도전하는 방법이 있다.

뮤지컬은 어떤 공연 장르보다도 음악, 노래, 연기, 대사가 주는 현장

감이 중요하기 때문에 개인적으로는 다소 비싼 값을 주고라도 좋은 앞 좌석을 구하는 게 좋다고 생각한다. 뮤지컬은 돈을 지불한 만큼 얻어가는 솔직한 장르이기 때문에 싸다고 해서 잘 보이지도 않는 뒷좌석을 구하는 건 별로 권하고 싶지 않다.

◆ 최근 브로드웨이, 〈스쿨 오브 락〉 공연장

◆ 타임스퀘어의 최근 모습

뉴욕
핫플레이스의
어제와 오늘

보통 브로드웨이 뮤지컬 하면 아주 유명한 대히트작들만 연상하는데, 실제 뉴욕 브로드웨이에서 공연되는 뮤지컬·연극들은 훨씬 다채롭고 실험적이며 공연작이 자주 바뀐다. 물론 롱런하는 히트작들은 상연하는 극장이 몇 년씩 고정되어 있지만, 대부분 공연은 관객의 호응에 따라 상연 극장과 공연 횟수가 계속 바뀐다.

〈북 오브 몰몬The Book of Mormon〉2011, 〈스쿨 오브 락〉2015, 〈킹키부츠〉2012, 〈저지 보이즈〉2004, 〈알라딘〉2011 등 장기 히트작, 〈해밀턴〉2015, 〈물랑 루즈Moulin Rouge〉2019, 〈식스SIX〉2021 등 화제작들도 많지만, 〈닥터 지바고Doctor Zhivago〉2015, 〈펀 홈Fun Home〉2015, 〈온 유어 핏On your feet〉2016과 같이 단기 상연에 그치는 작품도 무수히 많다.

브로드웨이 뮤지컬은 영화보다 더 경쟁적이고, 에너지 넘치며, 쉴 새 없이 뜨고 지는, 그야말로 살아 숨 쉬는 예술 시장판이라 표현하고 싶다. 브로드웨이가 얼마나 생동적이며 파격적인 시장인지를 보여 주는 한 예로, 필자가 뉴욕에 있던 2016년 당시 초대박 히트작이었던 뮤지컬 〈해밀턴〉의 티켓 호가(제일 앞자리)가 무려 2만 달러대까지 치솟았다는 믿지 못할 기사를 본 적이 있다.

그 공연은 뮤지컬 해밀턴의 기획자이자 주인공 '린 마누엘 미란다'가 다시는 이 무대에 서지 않겠다고 선언한 마지막 공연이었고, 이를 보기 위해 당시 뉴욕에서 내로라하는 호사가들이 모두 몰렸기 때문(당시 영부인 미셸 오바마도 보았다)이라고 하니 불가능한 일만은 아니다.

매년 6월이 되면 뮤지컬의 아카데미상이라고 할 수 있는 토니상 Antoinette Perry Award for Excellence in Theatre 시상식이 개최된다. 이 무렵 타임스퀘어 브로드웨이 근방을 지나치다 보면 방송사(CBS)의 유명 앵커가 뮤지컬 배우들과 거리 인터뷰하는 장면을 심심치 않게 볼 수 있다. 만약 6월에 뉴욕에 갈 기회가 있다면 이 광경을 절대 놓치지 말았으면 한다.

토니상 시상 당일에는 타임스퀘어 대형 전광판에서 시상식이 생중계되고, 길거리 관람석 의자에 많은 구경꾼이 앉아 웃고 떠들며 즐기는 모습을 볼 수 있다. 미국인들은 뮤지컬을 자신들이 발전시켜 대중화한 자신들의 예술 장르라고 생각하며 대단한 자부심을 느낀다. 그래서인지 토니상에 대한 애정 또한 매우 각별하다.

브로드웨이 근처 라디오 시티 뮤직홀에서 거창하게 오프닝을 개최하고, 24개 부문의 많은 분야에 시상하며, 시상식 자체를 언론과 방송에서 아주 무게 있게 다룬다. 오직 해당 시즌에 일정 규모(500석) 이상의 뉴욕 브로드웨이 극장에서 공연된 작품이어야만 토니상 후보가 될 수 있다는 엄격한 자격 조건도 그들만의 리그라는 걸 뽐내는 듯 배타적이면서도 남다르다.

◆ 1930년대 타임스퀘어 광고탑

◆ 최근 타임스퀘어 부근 브로드웨이(토니상 진행자가 인터뷰하는 모습)

뉴욕
핫플레이스의
어제와 오늘

# #04

# 뉴욕 최대 중심가,
# 5번 애버뉴

화려한 뉴욕에서 가장 화려한 곳을 꼽으라면 제일 먼저 5번 애버뉴를 떠올린다. 5번 애버뉴는 맨해튼을 위에서 아래로 관통하는 12개의 애버뉴 중 가장 가운데 위치한 애버뉴(동쪽이 1번, 서쪽이 12번 애버뉴)로 맨해튼의 최고 중심 도로이다.

센트럴 파크 남단에서 5번 애버뉴로 접어들면 바로 호텔 플라자(Plaza, 1985년 역사적인 '플라자 합의'가 성사된 곳)가 보이고, 초고가 백화점 버그도프 굿맨Bergdorf Goodman, 주얼리 샵 티파니앤코Tiffany & Co를 필두로 수많은 럭셔리 브랜드가 양 길가로 길게 늘어서 있다.

트럼프 타워(트럼프 가족이 실제 거주하는 곳)를 지나 럭셔리 숍이 좀 뜸해진다 싶으면 세인트 패트릭St. Patrick 성당과 록펠러 센터, 삭스 피프스Saks Fifth Avenue 백화점이 보이고, 다시 더 내려가면 코리아타운 입구를 지나 뉴욕대학교NYU 부근 워싱턴 스퀘어Washington Square까지 이어지는 길이 나오는데, 가히 뉴욕의 센터이자 한복판이라 할 만하다.

◆ 5번 애버뉴에 위치한 트럼프타워 전경

　5번 애버뉴는 1834년 당시 뉴욕의 저명인사였던 브레부트家<sup>Brevoort</sup> Family가 지금의 5번 애버뉴와 9번 스트리트 사이에 대저택<sup>Georgian</sup> Mansion을 지으면서부터 개발되었다. 이 건물이 1854년 상류층 고객을 대상으로 한 브레부트 호텔<sup>Brevoort Hotel</sup>로 개조되고, 상류층만 출입하는 교회(지금도 그대로인 First Presbyterian church 등)가 거리에 들어서면서 더욱 번성하였는데, 의사와 사업가, 금융인 등 상류층이 사는 대저택들이 5번 애버뉴 주변에 밀집하면서 뉴욕에서 한가락 하는 사람들의 최상류층 주거지역으로 명실공히 자리매김하게 되었다.

◆ 5번가 40~41번 스트리트에 있던 밴더빌트 맨션(1800년대 말)

◆ 5번가 33~34번 스트리트(지금의 코리
아타운 부근)에 있던 월도프 아스토리아
호텔(1800년대 말)

(자료: The Historical Atlas of New York
City, 2004)

특히 남북전쟁이 끝나고 19세기 말 대호황기Gilded Age에 들어 철도왕 밴더빌트Vanderbilt, 금융왕 제이피 모건J.P. Morgan 같은 슈퍼 리치들이 등장하면서, 이들이 모여 사는 곳으로 스포트라이트를 받던 곳도 바로 이곳 5번 애버뉴 일대이다. 당시 뉴욕의 거부들이 유럽의 전통적인 귀족들처럼 되고 싶어 초호화판 대저택을 짓고 살았다고 하는데, 특히 밴더빌트 패밀리가 살던 대저택이 네 곳이나 되었다. 이들 슈퍼 리치들이 사는 대저택은 개인 파티룸, 극장, 아트갤러리까지 구비한, 지금으로선 상상할 수 없을 만큼 화려한 초호화 주택으로, 작은 성 같은 구조로 되어 있었다고 한다.

지금은 신축 호텔들에 밀려 그 명성이 예전 같지 않지만 월도프 아스토리아 호텔Waldorfs and Astors (2014년 중국 자본에 매각)도 당시 뉴욕의 양대 거부였던 월도프Waldorfs와 아스토리아Astors 패밀리를 기념하여 1931년 개축된 5번 애버뉴의 상징과도 같은, 매우 유서 깊은 호텔이다.

뉴욕 최상위 럭셔리 스토어들이 즐비하며 각양각색 사람들로 늘 붐비는 5번 애버뉴가 지금도 예전과 크게 다를 바는 없지만, 다만 슈퍼 리치들이 살던 대저택들이 지금은 모두 상업용으로 개조되어 다른 용도로 이용되고 있다는 점, 과거 5번 애버뉴 주변으로 번창했던 교회들이 이제는 많이 사라져 일부 흔적만 남았다는 점 등이 다르다.

센트럴 파크 남단부터 뉴욕대NYU 부근 워싱턴 스퀘어까지 맨해튼의 심장을 가로지르는 5번 애버뉴가 뉴요커들에게 특별히 의미가 있다는

◆ 부활절 축제 날 5번 애버뉴 록펠러 센터 앞에 모여든 인파의 모습

사실은 주말마다 이곳에서 열리는 다채로운 행사만 보아도 쉽게 확인할 수 있다. 거의 매 주말 맨해튼의 크고 작은 온갖 행사가 이곳 5번 애버뉴를 중심으로 열리고, 한 해의 주요 시즌마다 행사의 중심에는 항상 5번 애버뉴가 자리한다.

3월 세인트 패트릭St. Patrick's Day 페스티벌, 4월 부활절 행사, 6월 성소수자를 위한 프라이드Pride 퍼레이드, 9월 핼러윈 퍼레이드, 12월 크리스마스트리 점등식 등 거의 일 년 내내 굵직한 행사들이 5번 애버뉴 일대에서 개최되는 것만 보아도 이곳이 뉴욕의 대동맥이라는 사실을 실감할 수 있다.


필자가 맨해튼 시내에 살아 보니 5번 애버뉴 말고도 맨해튼을 남북으로 가로지르는 각 애버뉴의 특징을 분명히 체감할 수 있었다. 동쪽 이스트강East River 강변도로Franklin D. Roosevelt Drive 바로 안쪽 1번~2번 애버뉴는 대체로 한적한 옛날식 건물이나 오랜 상점이 많고 3번~파크 애버뉴(사이사이에 렉싱턴, 메디슨 애버뉴가 있다)는 비교적 최근 지어진 고급 오피스 건물과 아파트들이 많으며, 5번 애버뉴는 럭셔리 스토어 및 백화점, 상업건물들이, 6번 애버뉴는 다시 대형 오피스 건물과 기관 건물이 많다.

7번 애버뉴에서 서쪽으로 갈수록 분위기가 관광 모드로 바뀌는데, 타임스퀘어 브로드웨이 주변과 8번 애버뉴까지는 말 그대로 전 세계인들의 엔터테인먼트 집합소같이 시끌벅적하고 정신없이 다채로운 공간이 펼쳐진다. 그러다 서쪽 9번 애버뉴쯤 접어들면 분위기가 다시 차분해지면서 주택가가 펼쳐지는데, 중심가에 비해선 훨씬 허름한 옛날식 건물이 많이 보인다. 10번 애버뉴에서는 오래된 상점과 창고, 아파트가 많이 보이는데, 서쪽 허드슨강Hudson River 주변에 이르면 다시 최근 지어진 최고급 아파트와 부대시설들을 심심치 않게 볼 수 있다.

허드슨강 주변은 맨해튼 내에서 최근 가장 핫해진 곳이기도 한데, 맨하튼 남서부 첼시 주변의 과거 정육 공장Meat Packing 부근(13번 스트리트)에서부터 미드타운(34번 스트리트) 서쪽까지 이어지는 과거 폐철도를 관광지로 복원한 하이라인The High Line(우리나라 청계고가도로 복원사업의 벤치마킹 모델이기도 하다), 미드타운(30번~34번 스트리트) 10번과 12번 애버뉴 사이에는 청동색 벌집 모양 계단조형물로 최근 건축되어 선풍적 인기를 끌고 있는 허드슨 야드 베슬The Vessel, Hudson Yards 등 핫플레이스들이 속속 들어서고 있다.


뉴욕의 이 모든 애버뉴의 중심인 5번가는 맨해튼을 처음 방문하는 사람이라면 대부분 타임스퀘어나 브로드웨이, 센트럴 파크 등을 찾는 길에 필수적으로 마주치는 통로이기도 하다. 과거 뉴욕 초창기 자본주의가 부흥하기 시작하던 시절에는 지금보다 훨씬 더 중심가로서의 역할을 하였을 것이다.

최근에는 온라인 거래가 많아지면서 오프라인 스토어들의 위상이 예전 같지 않아져서인지 5번가의 위상도 많이 약해진 듯 보이지만, 그래도 여전히 뉴욕의 한복판 5번 애버뉴가 주는 매력은 뉴욕을 찾는 모든 이들에게 시대를 초월하여 비교 불가한 끌림이 있다. 다시 말해 5번가를 자세히 들여다보지 않은 사람이 뉴욕을 다녀왔다고 하는 건 마치 앙꼬<sup>팥소</sup> 없는 찐빵<sup>단팥빵</sup>을 먹은 것과 같다고나 할까, 그만큼 뭔가 허전한 일이다.

◆ 5번가 매디슨 스퀘어(23번과 25번 스트리트 사이)에 있던 '5번가 호텔(The Fifth Avenue Hotel)'(1858년)

◆ 5번가의 상징 세인트 패트릭(St. Patrick) 성당(최근)

# #05

# 뉴욕을 지탱하는 심장,
# 센트럴 파크

센트럴 파크는 말 그대로 뉴욕의 심장이다. 맨해튼섬의 한가운데 북쪽으로 자리한 위치도 사람으로 치면 심장이나 허파의 위치와 비슷하다. 남북 4.1㎞, 동서 0.83㎞ 직사각형으로 면적 3.41㎢인 도시공원 센트럴 파크는 오래전 원주민이 살던 당시 맨해튼섬의 숨결을 들려주듯 언제나 같은 자리에서 살아 숨 쉬고 있다.

평화로이 풀밭에 누워 담소하는 연인, 뛰어노는 아이들, 반려견과 함께한 가족들, 풀밭 요가를 즐기는 요가족, 파크 내부 순환로를 달리는 사이클러, 숲 사이를 뛰어다니는 조거, 호숫가 산책로를 걷거나 보트를 즐기는 사람들, 산책로 옆에서 그림을 그리는 화가, 즉석 공연을 펼치는 길거리 아티스트 등 뉴욕의 자유로움과 평화로움이 그대로 느껴지는, 그야말로 뉴욕의 '랜드마크 오브 랜드마크Landmark Of Landmark'라 할 만하다.

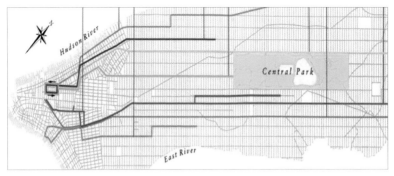

◆ 맨해튼 중북부에 위치한 센트럴 파크

◆ 센트럴 파크를 즐기는 뉴요커들

　센트럴 파크는 옛날 맨해튼섬의 자연 모습 그대로가 간직된 천연공원은 아니다. 1857~1860년 사이에 만들어진 미국 최초의 인공 도시공원이다. 당시만 해도 미드타운 42번 스트리트 위쪽으로는 거주가 거의 이루어지지 않는 상태여서 버려진 땅 취급받던 곳이 시市에서 거금을 투자해서 공원을 조성했다.

　1857년 조경가 옴스테드Frederick Law Olmsted와 복스Calvert Vaux가 공동 제안한 디자인이 당선되면서 공사가 시작되었고, 더 살기 좋은 뉴욕을 만들자는 건설팀의 취지가 시민들로부터 격한 공감을 받으며 지역 시민이 함께 참여하는 프로젝트로 추진되었다.

19세기 중반 뉴욕은 계층·종교·인종·정치 등 거의 모든 면에서 분열되어 있었다고 한다. 기득권 상위층과 비주류 하위층 사이의 갈등이 언제 터질지 모를 폭탄처럼 늘 불안하게 잠재해 있었다. 당시 센트럴 파크 일대는 넝마주이 등 맨해튼섬의 최하 계층이 돼지나 염소를 치며 모여 사는 빈민 지구로, 암벽과 늪지대로 이루어진 험지였기에 사람이 거주하기 너무 척박하여 내버려진 땅이었다.

공원 디자인 공모에 당선된 옴스테드는 이 거대한 공원을 분열된 계층 간 화합의 공간으로 만들어 보자는 꿈을 품고 시 당국과 긴밀히 협업하였다고 한다. 공원 내에서 지켜야 할 규율을 만들어 지키게 하고 경찰 인력이 상주하여 규제한 결과, 적어도 공원 내에서만큼은 폭력과 갈등을 크게 줄일 수 있었다. 현재 센트럴 파크는 당시 모습과는 많은 차이가 있지만 거대한 나무, 자갈길, 연극마당 등 일부 흔적이 남아 있다.

공원이 조성된 후에는 부유층, 빈민층 할 것 없이 함께하는 뉴욕의 최대 놀이 명소가 되었는데, 여름에는 야외 공연, 겨울에는 스케이팅 등 다양한 행사가 개최되었고, 놀이에 참여하는 사람, 단순히 구경하는 사람 등 뉴욕시민 모두가 너 나 할 것 없이 모여 즐기는 공간으로 자리 잡게 되었다.

◆ 개발 전 센트럴 파크 지역(19세기 초)　　　　◆ 현재 센트럴 파크 내부
(자료: The Historical Atlas of New York City, 2004)

센트럴 파크 하면 빼놓을 수 없는 명소가 하나 있다. 바로 전설적인 비틀즈 멤버 존 레논이 살았던 다코타Dakota 아파트이다. 이 아파트는 파크 서쪽 72번가에 있는데, 대형 아파트로 최근에 지어진 것 같지만 실은 1884년에 지어진 아주 오래된 아파트이다. 19세기 당시에도 허허벌판으로 파크 서쪽에 우뚝 선 뉴욕에서 가장 유명한 아파트였는데, 20세기 들어 존 레논 총격 사망 이후 더 유명해졌다.

센트럴 파크 남단 바로 앞의 59번 스트리트에는 1985년 플라자합의가 이루어진 명소로도 유명한 플라자Plaza 호텔 등 뉴욕 최고의 호텔들이 밀집해 있는데, 이는 센트럴 파크가 조성되었던 시절부터 줄곧 그래 온 것이다. 그래서 센트럴 파크 남단 59번 스트리트 부근은 예나 지금이나 뉴욕의 최고급 호텔 지구이다.

파크 북쪽 110번 스트리트를 지나면 할렘 지역이 펼쳐진다. 지금은 많이 현대화되었지만 그다지 안전하지 않았던 과거에는 센트럴 파크가 할렘과 브롱크스로 이어지는 북부와 중남부 사이에서 일종의 완충 지대 역할을 해 주었다고도 볼 수 있다.

◆ 삽화에 그려진 센트럴 파크 (공원 조성 직후인 1869년)

◆ 삽화에 그려진 센트럴 파크 내 스케이트장(공원 조성 직후인 1869년)

(자료: The Historical Atlas of New York City, 2004)

필자가 뉴욕에 부임한 지 일주일이 지난 주말, 센트럴 파크를 찾았던 기억이 아직도 생생하다. 59번 스트리트에서 길을 건너 어느 곳이 입구인지 한참을 헤매었다. 결국 사람들의 통행이 가장 많은 파크 서쪽 코너 콜럼버스 광장을 통해 들어갔다. 미로처럼 이어진 길을 걷다 보니 작은 숲이 나타나고 다시 걸으니 또 숲이 나타나는데, 마치 미로를 찾듯 내부를 가로질러 한참을 북쪽으로 걸었다.

걷다 보니 그 유명한 더 몰The Mall, 베데스다 연못Bethesda Fountain, 컨서버토리 가든Conservatory Garden과 메트로폴리탄 뮤지엄 주변 숲이 차례로 나타났다. 북쪽으로 더 걸으니, 이쯤이면 파크 북쪽 끝이겠지 할 때쯤 웬 커다란 벽이 하나 나타난다. 알고 보니 파크의 북쪽 끝이 아니라 거대한 재클린 케네디 오나시스 저수지Jacqueline Kennedy Onasis Reservoir 벽이었다.

지도로 보면 대략 센트럴 파크의 중간쯤에 해당한다. 도보로 센트럴 파크를 종단하는 사람들은 너무 힘들어서 대부분 이쯤에서 발길을 돌리게 되는데, 필자 역시 그쯤에서 돌아서게 되었다. 실제 북쪽 끝은 이 저수지를 지나서도 110번가 할렘 초입까지 한참을 더 올라가야 한다.

한 가지 재미있는 사실은 센트럴 파크 내부 순환도로가 일방통행이라는 점이다. 자전거, 마차, 러너 모두 한쪽 방향(시계 반대 방향)으로 달린다. 한번은 자전거를 타고 순환도로를 일주하려다 너무 지치는가 싶어 중간쯤 다시 돌아오려 한 적이 있다. 왔던 길로 다시 가려고 핸들

◆ 센트럴 파크 내 메도우(Meadow)

을 돌리는 순간 나를 향해 달려오는 수많은 자전거, 러너 행렬에 부딪힐 뻔했다. 그 틈을 뚫고 도저히 역주행할 수가 없어 순방향으로 완주할 수밖에 없었다. 만약 파크 순환도로를 자전거로 달리고자 한다면 한 시간 정도 끝까지 갈 것을 각오하고 시작하여야 함을 알려 주고 싶다.

뉴욕에 살면서도 솔직히 센트럴 파크를 자주 가 보지는 못했다. 가더라도 거의 초입부 더몰과 베데스다 연못, 보트하우스, 쉽 메도우Sheep Meadow 정도만 반복해서 갔었던 것 같다. 키 높은 나무들로 빽빽한 더몰과 관광객들로 붐비는 베데스다 연못 주변엔 늘 화가들과 실력 있는 뮤지션들이 공연한다. 봄부터 가을 사이에는 보트하우스에서 보트를 빌려 탈 수 있고, 레스토랑 내부에서 보는 파크의 전경이 매우 아름답다. 대중적인 레스토랑 치고는 음식도 꽤 수준급이다.

파크 내부에 있는 많은 메도우 가운데 초입에 있는 쉽 메도우는 일광욕과 피크닉을 나온 뉴요커들로 항상 붐비는데, 영화 속 모습과 똑같다. 박물관 부근의 파크는 상대적으로 조용하고 아늑하여 사랑하는 연인들이 산책하며 속삭이기에 더없이 좋은 공간이다. 영화 〈해리가 샐리를 만났을 때When Harry met Sally〉1989에서 남녀 주인공이 데이트하던 평화로운 파크의 모습, 딱 그대로이다.

시간이 아주 부족하거나 아침 산책으로 걸을 땐 더몰 쪽으로 좀 들어가다 서쪽으로 방향을 틀어 스트로베리 필드(존 레논 추모 공간)까지 다녀오는 것도 좋다. 짧지만 길이 아름다워서 파크의 아침을 즐기기에 제격인 코스이다.

이들 관광지 말고도 파크를 제대로 보려면 마음 단단히 먹고 물과 배낭을 챙긴 후 하루를 통째로 보내야 한다. 숲이 크고 나무가 무성해 밤에는 위험할 수 있으므로 안전에도 각별히 유의해야 한다. 센트럴 파크는 과거에도 살인, 강간 등 많은 사건 사고가 일어난 곳으로 여전히 위험 요소가 많아서 되도록 파크 내부를 혼자, 특히 밤에 여행하는 건 피했으면 한다.

#06

# 모든 여성의 로망,
# 티파니앤코 · I

수많은 럭셔리 주얼리 브랜드 가운데 전 세계에 걸쳐 오랫동안 최고를 달려온 브랜드가 하나 있다. 바로 '티파니앤코(이하 티파니)'이다. 보석의 역사와 전통이 깊은 유럽의 내로라하는 주얼리 브랜드들이 이를 넘어서려 경쟁하고 있지만, 결혼을 앞둔 선남선녀들이나 아름다움을 뽐내려는 요조숙녀들의 쇼핑리스트 제일 위에는 아직도 '티파니'가 자리하고 있지 않을까 싶다. 이유는 단순하다. 그 오랜 세월 동안 이 럭셔리 브랜드가 쌓아 온 '최고'라는 이미지를 그 어느 회사도 따라잡지 못하고 있기 때문이다.

이젠 '티파니'라고 하면 남녀노소 누구나 어렴풋이 보석과 관련된 유명 브랜드 정도로 알고 있고, 어떤 사람은 '티파니? 그게 어떤 보석이었더라?' 하고 물을 만큼 주얼리 세계의 대명사가 되었다. 이 브랜드가 대중에게 확실히 각인된 데에는 배우 오드리 헵번이 나오는 영화 〈티파니에서 아침을Breakfast At Tiffany's〉1961 덕이 크다.

이 영화에서 그간의 순수한 이미지에서 탈피하여 허영심 가득한 팜므파탈로 변신한 오드리 헵번이 이른 새벽 택시에서 내려 한참을 티파니의 쇼윈도를 쳐다보며 크루아상을 먹는 장면이 나온다. 이 장면이 당시 공전의 히트를 기록하며 티파니는 '누구나 한 번쯤, 하나쯤 갖고 싶은 선망의 대상, 여인들의 로망이자 꿈'이라는 엄청난 홍보 효과를 누리게 된다.

그러나 영화 속 한 장면만 가지고 지금의 티파니를 논하는 건 어불성설이다. 티파니는 1837년 설립된, 무려 200년 가까운 역사를 지닌 레전드 기업(예를 들어 샤넬은 1913년, 루이비통은 1859년에 창업되었다)이다. 지금 티파니의 영광은 그 무수한 세월 동안 전 세계인들, 전 세계 여성들의 마음을 한눈에 사로잡아 온 유구한 역사가 쌓여 왔기에 가능한 일이다.

티파니는 1837년 찰스 루이스 티파니Charles Lewis Tiffany와 존 영John Young이 '티파니앤영Tiffany & Young'이라는 이름으로 창업하였다. 당시 티파니가 뉴욕주 코네티컷의 거부였던 부친에게 1,000달러(당시로선 거금이다)를 받아 창업했다고 하는데, 처음에는 말안장·지팡이·안테나·그릇 등 잡동사니들을 파는 조그마한 상점에서 출발하였다고 한다.

서커스단에서 사육되다 늙어 죽은 코끼리 가죽을 구해 가죽제품을 만들거나 국가사업에서 버려진 케이블들을 수거하여 잘라 파는 등 이것저것 가리지 않고 돈이 될 만한 일이면 닥치는 대로 장사하는, 거의 '묻지 마'식 잡화점이었다. 최초의 티파니는 로어 맨하탄 259 브로드웨이에서 출발하였는데, 이후 네 차례 이사하여 현재의 5번 애버뉴 57번

◆ 뉴욕 티파니 스토어 정문

뉴욕
핫플레이스의
어제와 오늘

스트리트에 자리 잡은 건 1940년 이후이다.

티파니가 보석류에 집중하기 시작한 건 1845년 최초로 티파니 이름으로 금을 세공해서 판매한 이후부터였다. 당시 지금의 '티파니앤코Tiffany & Co'로 회사 이름을 바꾸고 자체 디자인한 은銀 제품을 선보이며 큰 흥행을 거두게 된다.

이 성공을 계기로 티파니는 주얼리 비즈니스에 올인all in하게 되는데, 최초로 성공한 보석이 진주 제품이었다. 당시에는 진주 양식 기술이 없었기 때문에 희귀한 자연산 진주로 만든 티파니 진주 제품들은 상당한 고가로 거래되어 상류층의 상징처럼 여겨졌다. 링컨 대통령의 영부인Mary Todd Lincoln도 주요 고객 중 하나였다고 하니 상류층 사이에서 얼마나 인기였는지 가늠할 만하다.

그러나 티파니의 또 다른 도약을 이끈 건 뭐니 뭐니 해도 다이아몬드였다. 당시 혁명의 여파가 계속되던 유럽은 극심한 정치적 불안으로 다이아몬드 등 사치재 값이 폭락하였는데, 프랑스의 마지막 왕 루이 필리프의 부인Maria Amelia이 쓰던 왕관이 마침 매물로 나와 헐값에 살 기회가 생겼고, 티파니가 이 기회를 놓치지 않았던 것이 다이아몬드를 티파니의 주력 주얼리로 이끈 최초의 계기가 되었다.

당시 언론들은 티파니에 전시되었던 이 왕관 속 다이아몬드를 가리켜 'King of Diamonds'라고 부르며 세간의 이목을 집중시켰다. 뒤이어 나폴레옹 3세의 부인이 프랑스를 떠나면서 남긴 보석들을 프랑스 재무부로부터 헐값에 매입(50만 달러)한 것도 티파니의 위상을 높이는 커다란 계기가 되었다.

◆ 5번 애버뉴와 37번 스트리트 사이에 있었던 1910년 티파니 스토어.
◆ 5번 애버뉴와 57번 스트리트 사이에 있는 현재의 티파니 스토어. 티파니는 현 위치로 1940년에 이사하였다.
(자료: New York City, Yesterday & Today, 1990)

1870년대 남아공에서 벌인 대규모 다이아몬드 채집을 계기로, '티파니=다이아몬드'라 할 만큼 티파니 브랜드의 위상이 한껏 고양되었다. 19세기 말부터 20세기 초까지는 상류층이라면 누구 할 것 없이 다이아몬드 위주로 치장하던 다이아몬드 전성시대였고, 티파니는 이 기회를 놓치지 않았다.

티파니는 1878년 남아공에서 발견된 287.42캐럿짜리 다이아몬드 원석을 매입하여 그 유명한 '티파니 다이아몬드'(세공 후 128.51캐럿, 90파셋)를 탄생시킨다. 지금도 티파니 뉴욕 5번가 플래그십 스토어에 상징처럼 가끔 모습을 드러내는 이 전설적인 다이아몬드는 1961년 영화 〈티파니에서 아침을〉 홍보를 위해 오드리 헵번이, 2019년 92회 아카데미상 시상식에서 영화 〈스타 이즈 본〉으로 여우주연상 후보에 오른 가수 레이디 가가가 착용한 것으로도 유명하다.

티파니는 주얼리에 대한 일반인들의 인식 자체를 바꾼 기업이라는 점에서 오늘날 소비자를 리드하여 사업을 일구는 많은 기업의 초기모델이었다고도 볼 수 있다. 19세기 말까지는 다이아몬드와 금, 은을 제외한 색상 있는 광물 가운데 오직 루비와 에메랄드만 보석으로 취급되었다. 1879년 광물학자 조지 쿤츠George Kunz가 티파니에 합류하면서 그러한 인식이 획기적으로 바뀌었는데, 쿤츠는 다양한 희귀 원석들을 발굴하여 자체적으로 디자인하여 판매함으로써 주얼리의 범위 자체를 넓혔다.

이때 새롭게 인식된 보석들이 아쿠아마린Aquamarines, 토파즈Topazes, 터키석Turquoise, 블루사파이어Blue Sapphire 등이다. 지금으로 말하면 판매 상품을 혁신적으로 재창조하여 소비자들에게 어필함으로써 판매망을 넓혔다는 이야기인데, 지금으로부터 150년 전에 티파니의 기획에서 생산과 마케팅 전략이 얼마만큼 유연하게 시대를 앞서갔었는지를 알 수 있는 대목이다.

당시 쿤츠는 티파니에서 전시 중이던 미국산 희귀 원석 컬렉션을 1889년 파리 전시회에 공개함으로써 전 세계적인 반향을 일으켰다. 이후 보다 다양한 원석들준보석을 주얼리의 개념에 포함하려는 움직임이 세계적으로 확산되었고, 주얼리 산업 자체가 한 단계 업그레이드되는 중요한 계기가 되었다.

얼마 후 어느 뉴욕의 거부 컬렉터가 이 원석 컬렉션을 통째로 매입하게 되는데, 그가 바로 월 스트리트 거대 은행 제이피 모건J. P. Morgan의 창립자 존 피어폰트 모건John Pierpont Morgan, 1837~1913이다. 그는 이 컬렉션을 다시 뉴욕 자연사박물관New York Museum of Natural History에 기증하는데, 지금도 이 희귀 원석 전시관은 자연사박물관의 인기 섹션 중 하나로 관람객들의 사랑을 듬뿍 받고 있다.

# #01

# 모든 여성의 로망,
# 티파니앤코 · II

뉴욕이 어떻게 지금의 뉴욕이 됐는지를 소개하면서 '티파니앤코'를 이야기하다 보니 조금 이야기가 길어졌다. 사실 뉴욕의 핫플레이스 중 하나를 특정 회사로 정해 길게 이야기한다는 게 부담스럽기도 했지만, 이 오래된 주얼리 회사의 역사적 부침을 살펴보는 것이 미국인들이 창조해 낸 뉴욕이라는 거대 도시의 역사를 이해하는 데 꽤 큰 의미가 있겠다 싶어 길게 다루게 되었다.

　　20세기 뉴욕의 여러 특징 가운데 하나로 '유럽 따라가기'가 있다. 짧은 역사 속에서도 세계 최고 부강을 이루어 낸 미국인들이 역사와 전통이 빛나는 유럽 문화 콤플렉스를 극복하려 한 노력이 곳곳에 묻어난다. 예를 들어 2차 대전 후 유럽의 이민 예술가들을 적극적으로 받아들여 현대미술에서만큼은 미국이 유럽을 앞지르는 쾌거를 이루어 낸 것 등이 여기에 해당한다.

　　티파니도 이와 비슷한 시도를 했다. 한때 유럽의 오랜 예술적 전통 양식유리세공을 모방하여 대중화하려 한 노력이 티파니의 사운을 걸 만큼 중요한 사업이었는데, 이런 시도가 전통적 유럽을 극복하려 한 뉴욕 문화의 한 단면으로 볼 수 있다. 이제 우리의 기억에서 사라진, 아마 많은 사람이 잘 알지 못할 티파니의 과감했던 도전의 역사를 살펴보자.

티파니는 창업자 찰스 루이스 티파니가 사망한 1902년, 그의 아들 루이스 컴포트 티파니Louis Comfort Tiffany, 당시 54세가 회사를 이어받으면서 엄청난 대전환기를 맞게 된다. 재미있는 건 당시 티파니가 주력했던 사업이 지금은 사람들의 기억에서 거의 사라질 만큼 색달라서 '티파니가 그런 사업을 했다고?'라는 반응을 보일 정도로 누구나 의아해할 만한 사업이었다는 점이다.

루이스 티파니는 일찍이 예술가의 길로 뛰어든다. 이미 거대한 부를 이룬 부친의 뜻은 아랑곳하지 않고, 대학 졸업 후 유럽에서 화가의 길을 걷는다. 그러던 중 중세 시대 유럽에서 꽃을 피웠던 납땜 유리 제품Leaded Glass의 아름다움에 경탄하고, 이처럼 아름다운 유리공예를 현대 비즈니스에도 적용해 보면 어떨까 하는 꿈을 갖게 된다. 곧 중세 기법에서 착안한 독창적인 유리 공예술을 개발하여 형형색색 다양하면서도 품격 있는 유리 제품들을 만들게 되는데, 이들 제품을 수많은 교회에 납품하면서 예술가이자 사업가로서 성공 가도에 오르게 된다.

1879년에는 아예 데커레이션 회사를 차려 뉴욕의 상류층과 백악관 건물의 인테리어도 전담하게 되는데, 1902년에는 회사를 더 키워 '티

◆ 뉴욕 티파니 스토어 쇼윈도

뉴욕
핫플레이스의
어제와 오늘

파니 스튜디오Tiffany Studios'라 이름 짓고, 유리 제품뿐 아니라 가구, 그림, 카펫 등 거의 모든 데커레이션을 상류층뿐 아니라 일반 대중에게까지 공급함으로써 매출을 획기적으로 올리게 된다.

그의 성공은 여기서 끝나지 않는다. 부친의 피를 이어받아서인지 예술가보단 사업가로서의 기질이 뛰어났던 루이스 티파니는 자신이 개발한 유리 공예술을 발전시켜 분유리 제품Blown Glass 제작에 뛰어든다. 분유리는 유리를 녹여서 이어 붙이는 기법으로 각양각색의 유리 제품

◆ Louis Comfort Tiffany(1848∼1933)
(자료: New York City, Yesterday & Today, 1990)

을 만들 수 있는데, 그는 예술성과 상업성이 결합된 유리 제품을 대량 생산하여 엄청난 부를 거머쥐게 된다.

대표적인 제품이 분유리 전등이다. 마침 에디슨의 백열전구 발명으로 집마다 전등 수요가 폭발적으로 늘어나자 티파니는 유리 조각을 이어 붙여 다양한 형태의 램프를 만들 수 있는 분유리 전등을 직접 디자인하여 판매한다. 이 예술적이면서도 생활필수품 성격을 지닌 '티파니 램프'는 소비자의 기호에 맞게 맞춤식으로 제작·판매하는 현대식 마케팅 전략까지 구사하면서 폭발적인 인기와 매출을 기록하게 된다.

그러나 끝이 보일 것 같지 않았던 루이스 티파니의 성공은 여기까지였다. 20세기 들어 점차 복잡하고 다채로운 중세풍 양식보다는 단조로우면서 추상적인 현대풍의 깔끔한 양식이 선호되면서 조금은 복잡하고 과한 듯한 티파니 램프를 향한 대중의 열기는 점차 식어 갔다.

◆ 티파니 스토어 내부
◆ 티파니 스튜디오에서 판매했던 수련 잎(lily pad) 램프(좌), 파인애플 램프(우)
(자료: New York City, Yesterday & Today ,1990)

과도한 사업 확장이 분유리 제품 사업의 수익성을 급격히 악화시키면서 1932년 마침내 티파니 스튜디오는 파산한다.

이듬해 1933년 85세의 나이로 루이스 티파니도 눈을 감는데, 마지막에 그가 살았던 맨션인 뉴욕 롱아일랜드의 로렐톤 홀Laurelton Hall에 돌아와서 운명했다고 한다. 그의 사망 당시엔 그가 이루었던 부의 대부분이 없어져 남은 재산이 별로 없었고, 그토록 사활을 걸었던 유리 가공품 사업도 쇠락하여 관심을 두는 사람도 별로 없었다고 한다.

그의 사망 후 로렐톤 홀은 예술가들의 모임 장소로 이따금 사용되다가 1948년 마침내 경매로 넘어가는데, 그로부터 9년 후 화재로 사흘 동안 불에 탔다고 한다. 20세기 초 한때를 풍미했던 전설적 주얼리 회사의 유일한 상속자가 이룬 흥망의 마지막치고는 꽤 씁쓸하다. 하지만 지금 티파니의 대성공을 그가 다시 보게 된다면 어떨까? 그가 죽은 당시에는 알 수 없었던, 그가 피운 미래의 불씨 같은 것이 남아 있었던 것은 아닐까? 조심스레 생각해 본다.

지금 티파니가 20세기 초반에 유리공예, 유리 제품 사업으로 크게 번성했었다는 사실을 기억하는 사람들은 별로 없다. 하지만 그 유물은 뚜렷이 남아 있는데, 지금도 뉴욕 메트로폴리탄 뮤지엄의 미국관 American Wing에는 20세기 초 번성했던 티파니의 다양한 유리 공예품이 상설 전시되고 있다. 그 동선을 잠깐 살펴보자(전시조정 등으로 달라졌을 가능성은 언제나 있다).

먼저 메트로폴리탄 뮤지엄의 미국관을 들어서면 내부 정원에 1923년 티파니 스튜디오가 제작한 납땜 유리 창문 '가을 풍경Autumn Landscape'이 보인다. 가을 낙엽으로 채색된 조용한 호수 풍경을 묘사한 작품이다. 그 주변엔 티파티 스튜디오의 1905년 대형 유리 모자이크 제품, '연못 정경Landscape Fountain'이 있다. 수련과 백조가 떠 있는 연못을 매우 로맨틱하게 묘사한 제품인데, 1938년 어느 경매를 통해 팔렸다가 40년이 지난 후에야 어느 이름 모를 창고에서 상자째 발견되었다고 한다.

또 하나 눈길을 끄는 작품은 루이스 티파니가 살았던 맨션Laurelton Hall 화재 당시 타지 않고 끝까지 보존되었다고 하는 로렐톤 홀 입구1905이다. 마치 고대 이집트 건물을 떠올리게 하는 매우 이국적 양식의 이 건축물은 고대풍 석조건물과 티파니 고유의 모자이크 유리창, 유리 램프가 어우러져 매우 독특한 느낌을 준다.

뮤지엄의 미국관을 빠져나오다 보면 중세 조각관Medieval Sculpture Hall을 지나게 된다. 13~14세기 유럽에서 유행하였던 납땜 유리창 등 다수의 유리공예품을 볼 수 있는데, 지금으로부터 100여 년 전 티파니가 추구했던 최고의 사업, 유리공예품의 원형인 이 중세 제품들을 보면서 많은 느낌이 들었다.

결과적으로 티파니의 유리공예 사업은 실패했지만, 예술과 비즈니스를 접목하려 했던 루이스 티파니의 장인정신은 그대로 남아 지금의 티파니를 이룬 것이라고. 단순한 비즈니스를 넘어 수많은 예술적 시도를 거친 티파니의 오랜 도전과 흥망이 있었기에 누구도 넘볼 수 없는 티파니만의 고유한 매력이 지금까지 유지된 것이라고, 이 전설적 주얼리 회사의 독특한 역사를 통해 유추해 본다.

◆ 티파니 맨션의 로지아(Loggia: 측면이 정원과 연결되도록 개방된 거실) 일부
(메트로폴리탄 뮤지엄 미국관(American Wing) 전시)

◆ 1923년에 제작된 티파니의 유리 제품 '가을 풍경(Autumn Landscape)'
(메트로폴리탄 뮤지엄 미국관(American Wing) 전시)

# 08

# 뉴요커들의 애정 1번지, 엠파이어 스테이트 빌딩

뉴욕 맨해튼의 랜드마크 중 절대 빠지지 않는 마천루 빌딩이 하나 있다. 바로 엠파이어스테이트Empire State 빌딩이다. 지금은 워낙 많은 초고층 빌딩이 세계 곳곳에 세워져 빛이 많이 가려지긴 했지만, 건축된 1931년부터 무역센터 빌딩이 들어선 1971년까지 무려 40년간 세계에서 가장 높은 빌딩이라는 영예를 유지해 온, 뉴욕의 상징 같은 건물이다.

　지금은 누군가가 '이 세상에서 가장 높은 건물은?'하고 물었을 때 어디라고 답하기 쉽지 않을 만큼 세계 각지에 높은 건물들이 경쟁적으로 들어서고 있지만, 1971년까지는 누구나 '엠파이어 스테이트 빌딩'이라고 답했으니 얼마나 유명세를 치렀던 건물인지 알 수 있다:

　지상 102층, 높이 381미터, 콘크리트 건물로 지어진 86층 위로 16층이 철탑으로 이루어진 이 아름다운 건축물은 이름도 미국의 '황제 州'라는 의미인 '엠파이어 스테이트'(뉴욕주의 별칭, 미국은 주마다 별칭이 있다)를 그대로 가져다 썼다.

◆ 뉴욕 엠파이어 스테이트 빌딩(낮)

1971년 무역센터 쌍둥이 빌딩이 뉴욕의 새로운 랜드마크로 각광받으면서 한동안 빛을 잃는 듯했던 이 건물은 2001년 무역센터 붕괴 이후 뉴욕의 유일무이한 역사적 상징 마천루 건물로서의 영예를 되찾았다. 행여 테러로 화를 당할까 두려워 입구 보안 검색이 더욱 철저해지고 뉴욕 경찰NYPD이 주변 심문을 훨씬 강화한 것만 보아도, 이 역사적 건축물을 잃기 두려워하는 뉴요커들의 진한 애착을 가늠해 볼 수 있다.

5번 애버뉴와 34번 스트리트가 교차하는 뉴욕의 한복판, 제일 중심에 자리하고 있다는 사실도 이 건물의 중요성을 뒷받침한다. 필자가 살던 맨해튼 아파트가 마침 엠파이어 스테이트 빌딩에서 걸어서 20분 거리에 있는 30층 높이였고, 창문 밖으로 늘 엠파이어 스테이트의 위용을 바라보며 살아서인지 더 가깝게 느껴진다. 거의 매일 밤 색다른 컬러와 메시지로 빔을 발산하는 이 빌딩의 형형색색 야간조명을 보고 있노라면 내가 있는 여기가 정말 뉴욕이구나 하는 느낌이 자연스레 스며든다.

사실 뉴요커들의 애정만으로 뉴욕 랜드마크의 우선순위를 정해 본다면 '엠파이어 스테이트 빌딩'은 아주 높은 순위를 차지할 것 같다. 영화 〈러브 어페어Love Affair〉1995와 〈시애틀의 잠 못 이루는 밤Sleepless in Seattle〉1993의 남자 주인공(각각 워렌 비티, 톰 행크스)과 여자 주인공(각각 아네트 베닝, 맥 라이언)이 재회하는 마지막 신, 〈킹콩King Kong〉1933, 1976, 2005의 후반부 배경 건물, 〈비긴 어게인Begin Again〉2014에서 노래 〈Tell me if you wanna go home〉이 탄생하는 옥상 녹음신 등 수많은 할리우드 영화의 배경으로 등장하고 있는 것만 보아도 이 랜드마크 빌딩에 대한 뉴요커들의 애정을 엿볼 수 있다.

◆ 1931년 건축 당시 한 인부가 고층에서 아래로 신호를 보내는 모습 [Lewis W. Hine, 'Men at Work'(1932)]

◆ 엠파이어 스테이트 빌딩 로비 입구

엠파이어 스테이트 빌딩의 기원은 19세기 맨해튼 초기로 거슬러 올라간다. 원래 이 자리(5번 애버뉴, 34번 스트리트)는 맨해튼 제일 한복판으로 사교계의 거물이자 거부였던 아스톨Astor 패밀리의 아스톨 맨션Astor Mansion이 자리하고 있었다. 뉴욕 사교의 중심이었던 이 맨션이 20세기 초 월도프 아스토리아Waldorf-Astoria 호텔로 개조(이 유서 깊은 호텔은 지금 미드타운 파크애버뉴로 자리를 옮겨 영업 중이다)되어서도 역시 상류층 교류의 중심 역할을 하였는데, 어느 날 뉴욕 자본가들이 누구나 탐낼 만한 이 자리를 뉴욕의 마천루로 만들어 사업을 키우자고 의기투합한 게 건물의 기원이 되었다.

엠파이어 스테이트는 워낙 오래되고 오랜 기간 세계 최고층 건물로 각인되어서인지 건물에 얽힌 이야깃거리가 매우 많다. 우선 공사 기간이 너무 짧았다. 1930년 3월에 공사를 시작하여 1931년 5월에 개장하였으니, 당시 세계 최고층 빌딩 건축에 불과 1년 2개월밖에 안 걸린 셈이다. 지금 기술로도 상상하기 어려울 만큼 최단기간 내에 공사가 이루어진 셈인데 그 건축 기법이 그저 놀랍기만 하다. 그렇다면 어떤 비결이 있었던 걸까?

가장 큰 비결은 건물의 지반에 있었다. 보통 마천루 빌딩이 들어서려면 이를 지탱할 수 있는 기반암Bedrock이 얼마나 견고하게 잘 자리 잡고 있는지가 중요하다. 뉴욕은 잘 알려진 대로 지반이 거의 암석으로 이루어져 있고(그래서인지 풍수학자들은 맨해튼의 기운이 매우 세다고 한다) 특히 엠파이어 스테이트 아래 기반암이 지표면에서 아주 가깝게 있어서 지반공사에 걸리는 시간을 크게 단축할 수 있었던 것이다. 실제로 불과 지하 2층 정도까지만 파고 들어갔다고 하니, 얼마나 공사 기간을 단축할 수 있었는지를 비전문가들도 짐작할 수 있게 한다.

또 한 가지 비결은 치열한 경쟁을 통해 설계 공모가 이루어진 만큼 (엠파이어 스테이트는 16번째 공모 당선작이다) 실제 착공 전 이미 시공계획이 거의 완벽에 가까웠고, 민관이 힘을 합쳐 실제 시공도 빈틈없이 이루어졌다는 점이다.

피츠버그로부터의 철강, 인디애나로부터의 채석 등 자재와 인력 공급이 계획대로 차질 없이 이루어짐에 따라 매주 4~5층 정도의 높이로 건물을 올렸다고 하니 얼마나 빠른 시공으로 건물을 완성했는지 짐작할 수 있다. 또한 인부들이 일하는 바로 그 자리에서 업무 단절 없이 식사하고 휴식을 취할 수 있도록 간이식당과 급수 엘리베이터를 각 층고에 맞게 계속 위로 올리는 식으로 공급하였다고 하니, 그토록 오래전에 작업이 얼마나 효율적으로 진행되었는지 추측할 수 있다.

또 한 가지 이야깃거리는 이 빌딩이 얼마만큼 견고하게 만들어졌는지에 관한 것이다. 1945년 7월 28일 미군 소속 폭격기[B-25] 1대가 항로 이탈로 이 빌딩의 79층과 80층 외벽을 들이받고 폭발하는 사고가 발생했다. 그런데 사망자는 조종사 3명과 당시 해당 층에 있던 11명, 총 14명뿐이었고 해당 층은 일부 훼손되었으나 건물 자체는 멀쩡하였다고 한다. 물론 전속력으로 달려드는 항공기와 실수로 들이받은 프로펠러기를 직접 비교하는 건 무리겠지만, 2001년 9·11 테러로 무너진 무역센터 빌딩과 크게 대비되는 부분이다.

이 건물을 짓는 데 소요된 인부는 평균 2,500명, 많을 땐 4,000명까지 동원되었다고 한다. 그런데 건축 기간에 실제 사망사고 발생은 한 자릿수였다고 하니 초고층 플랫폼에서 특별한 안전장치도 없이 일하던 당시 열악한 근로 환경을 생각하면 공사 중 안전성이 얼마나 경이로운 수준이었는지 놀라움을 금치 못할 따름이다.

◆ 1930년대 엠파이어 스테이트 빌딩
(당시 우편엽서 그림)

◆ 최근 엠파이어 스테이트 빌딩(밤)

뉴욕
핫플레이스의
어제와 오늘

# #09

# 뉴욕을 전 세계인의 도시로 만드는 곳, 유엔 빌딩

뉴욕 맨해튼의 상징적인 랜드마크 가운데 하나인 유엔<sup>UN</sup> 빌딩은 2차 대전이 끝난 직후 다시는 전쟁 없는 세상을 만들자는 전 세계인들의 염원 아래 만들어진 국제연합<sup>United Nations</sup>의 본체이다. 전 세계 평화의 상징인 유엔이 뉴욕에 있다는 사실 하나만으로도 뉴욕은 미국의 일개 도시가 아닌, 전 세계인들의 중심 도시로 몇 단계 상승하는 효과가 있다. 만약 지금 다시 유엔 빌딩을 어느 나라에 세울지 공모한다면, 아마도 올림픽 저리 가라 싶을 만큼 유치 경쟁이 치열할 것이다. 그만큼 유엔 빌딩이 갖는 국제적 의미는 대단하며 각별하다.

  이 독특한 건물은 이 같은 역사적 중요성뿐만 아니라 얼핏 보기에 단순하게 각진 것 같으면서도 부드러운, 곡선과 직선의 만남이 빚어내는 유려함이 매우 아름답게 느껴지는 건물로 현대 건축물의 백미<sup>白眉</sup>로서의 의미도 갖는다. 맨해튼 내에서도 약간은 한적한 동쪽 이스트강<sup>East River</sup> 한 모퉁이에 우아하게 서 있는 이 건물을 지나치노라면 전 세계인들의 도시인 뉴욕의 다차원적 이미지를 자연스럽게 느낄 수 있다.

◆ 이스트강 건너편에서 본 유엔 빌딩 전경(우편엽서 그림). 뒤편에 엠파이어 스테이트 빌딩, 오른편에 크라이슬러 빌딩이 보인다.

2차 대전이 끝난 후 승전 연합국들을 중심으로 국제연합 결성 움직임이 본격화되었고, 이 역사적인 국제기구의 소재지를 과연 어디로 할 것인지에 대한 논의가 활발히 이루어졌다. 그러나 논의는 잠시뿐, 당시 전쟁 종결의 일등 공신이자 최강대국인 미국에 설립해야 한다는 데 이견은 없었다. 이유는 단 하나, 2차 대전을 통해 확인한 것처럼 미국이 개입하지 않는 국제기구는 의미가 없다는 데 모두가 공감했기 때문이다.

그렇다면 미국의 어디 도시로 해야 할까? 이 논제에 대해서는 미국 내 후보지 간 경쟁이 치열했다. 샌프란시스코, 필라델피아, 보스턴 등

이 차례로 명함을 내밀었고, 뉴욕시는 가장 뒤늦게 후보지 대열에 합류했다. 사실 뉴욕시는 빈곤한 재정 탓에, 당시에도 악명 높을 만큼 비싼 땅값으로 인해 유엔을 유치할 만한 자금을 충당하기 어려워 후보군에 명함을 내밀 엄두조차 내지 못했던 것이다.

◆ 뉴욕 유엔 빌딩 전경(낮)

뉴욕
핫플레이스의
어제와 오늘

그러나 당시 유엔 대표부는 그래도 미국 최대 중심 도시이며 국제 상업기지인 뉴욕을 내심 가장 선호했다고 한다. 여러 채널을 통해 대표부의 이 같은 의도를 파악한 뉴욕시는 어려운 재정 여건을 해결할 타개책이 없는지 각계각층의 인사들과 머리를 맞대고 논의했다.

당시 뉴욕시에서 구성한 유엔 유치위원회에는 뉴욕시장 드와이어 William O'Dwyer, 록펠러 가문 중 한 명인 모제스 Robert Moses, 뉴욕타임스 창간자 슐츠버거 Arthur Hays Sulzberger, IBM 창립자 왓슨 Thomas J. Watson 등 쟁쟁한 거물들이 포진되었다. 이들이 물밑에서 적극적으로 노력한 결과 마침내 당시 전설적 거부였던 록펠러 John D. Rockefeller, Jr 의 후원을 받아 재정적 어려움을 극복하는 데 성공한다.

처음 유엔 빌딩의 후보지로 거론되었던 곳은 퀸스 Quuens 북부 공공 파크인 플러싱 메도우 Flushing Meadows (매년 US Open 테니스대회가 열리는 곳)였다. 뉴욕시는 이 지역을 무상 임대하겠다고 유엔에 제안했는데, 유엔은 이 제안에 시큰둥하였다고 한다. 그곳이 맨해튼에서 벗어난 외곽 지역이라는 이유에서였다. 유엔 유치위원회는 맨해튼 시내 미드타운 지역을 희망했다고 한다.

이에 최종 후보지로 선택된 곳이 지금 유엔 빌딩이 있는 미드타운 동쪽 터틀베이 Turtle Bay 부근이었다. 당시 이곳은 도축장과 공장이 즐비한 이스트강 연안 지역으로 뉴욕시 입장에서도 내심 개발 의지가 상당했던 지역이었다. 만약 유엔이 들어선다면 단숨에 국제적인 이미지로 탈바꿈할 수 있는 좋은 기회였다.

◆ 뉴욕 유엔 빌딩 전경(밤)

결국은 거부 록펠러가 해결사로 등장한다. 록펠러는 유엔 빌딩 부지로 사용할 미드타운 터틀베이Turtle Bay 지역을 850만 달러에 매입하여 시에 기부하였는데, 당시 850만 달러는 시가에 비해 훨씬 높은 매입가였다고 한다. 뉴욕시도 유엔 직원용 아파트 1,612개를 제공하였다고 한다.

결국 이 같은 범뉴욕시 차원의 적극적 노력에 힘입어 1946년 12월 유엔 빌딩의 뉴욕 유치가 최종 확정된다. 건축이 완료된 1950년 8월에는 최초의 유엔 직원들이 이 건물로 입주하고, 뉴욕시는 미국 최대 도

시에서 한 차원 업그레이드된 전 세계 최고 중심 도시로 발돋움하게
된다.

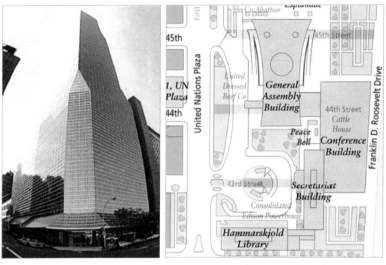

◆ 유엔 빌딩 맞은편 유엔 플라자 건물　　◆ 유엔 빌딩 평면도(오른쪽이 이스트강)

　필자는 맨해튼에 머물 당시 유엔 빌딩에서 걸어서 불과 5분 거리에
있는 아파트(2번 애버뉴와 39번 스트리트 사이)에서 살았다. 매년 9월 유엔
총회 시즌만 되면 이 일대 교통이 마비되고 골목마다 바리케이드가 설
치되는데, 각국 대표단과 스태프, 기자단 등의 이동으로 인근 지역이
그야말로 북새통을 이룬다.

　이 기간만큼은 거리를 가득 메우고 서 있는 뉴욕경찰NYPD이 행인들
을 일일이 검열할 만큼 경비가 삼엄하다. 한편에선 무언가 써진 피켓

을 들고 시위하는 무리도 여기저기 보인다. 이 기간 중엔 유엔 빌딩 근처 1번 애버뉴와 2번 애버뉴 사이의 호텔들은 당연히 만원을 이루고, 시내 호텔들도 대부분 일찍부터 매진되어 방을 구하기 어렵다. 방을 구하더라도 부르는 게 값이어서 혹시 뉴욕 여행 중 맨해튼에서 숙박할 계획이라면, 유엔총회 시즌인 9월은 피하길 적극적으로 권한다.

유엔 빌딩은 너무도 유명한 뉴욕의 랜드마크지만, 사실 빌딩이 자리한 1번 애버뉴 터틀베이 지역은 그리 뉴욕스러운 지역은 아니다. 뉴욕시의 동쪽 끝 외곽이어서 밤늦은 시간에는 인적이 드물고, 상가도 그리잘 형성되어 있지 않다. 맨해튼은 대체로 중심 지역인 5번, 6번 애버뉴 쪽으로 갈수록 휘황찬란하고 동쪽 1번, 서쪽 12번 외곽으로 갈수록 한산한데, 이곳도 유엔 빌딩만 덩그러니 있는 듯 한적한 느낌이 든다.

다만 수많은 외교관이 거주하는 고급 아파트들이 밀집해 있어 비교적 깔끔하고, 유엔 직원들을 대상으로 하는 고급 레스토랑들이 여기저기 많은 점은 매력적이다. 도로변에 외교관 전용diplomatic cars only이라고 써 놓은 주차 표지판이 있는 경우가 많아 길거리 주차에도 특히 조심해야 한다. 맨해튼 다른 지역과 같을 것으로 생각하고 잠시라도 길거리에 주차했다가는 5분 이내에 100달러 이상의 주차 티켓이 차 윈도 한구석에서 펄럭거리고 있는 것을 보게 될 것이다.(맨해튼 시내에는 주차단속 경찰이 워낙 많아 5분만 규칙을 어겨도 바로 단속될 가능성이 크다.)

뉴욕
핫플레이스의
어제와 오늘

매일 퇴근길에 49번 스트리트에서 39번 스트리트까지 1번 애버뉴를 걸어 내려오면서 바라보던 유엔 빌딩은 평화로움 그 자체라고 할까. 늘 묘한 매력을 느끼게 해 주었다. 바로 앞 이스트강의 날아오르는 갈매기, 높은 건물 저 멀리 떠오르는 희미한 달무리 등 시끌벅적한 뉴욕 시내와는 사뭇 다른, 평화롭고 아름다운 뉴욕을 그려 주었다.

　유엔 빌딩 내부를 구경할 수 있는 승인을 받아 관람한다면, 특히 아이들에게 좋은 경험이 될 것이다. 그러나 시간이 없어 내부를 관람할 기회를 얻지 못한다 하더라도 건물 외부만 보는 것만으로도 역시 좋은 경험이 되리라 확신한다. 거대한 석조건물의 역사적·상징적 의미는 물론 건축학적으로 아름답기까지 한 현대 건축물로서의 위용, 건너편에 보이는 브루클린의 아름다운 정경 등 세계에서 하나뿐인 이 독특한 뉴욕의 랜드마크 앞에서 한참 카메라 셔터를 누르고 있는 자신의 모습을 발견하게 될 것이다.

뉴욕
핫플레이스의
어제와 오늘

# #10

# 언제 어디서 보아도 아름다운,
# 브루클린 브리지

뉴욕은 맨해튼을 비롯해 바다로 둘러싸인 5개 자치구로 이루어져서인지 다리가 참 많다. 뉴욕시에 있는 다리만 2,098개라고 하니 상상을 초월한다. 그 많은 다리 가운데서도 유독 돋보이는 다리가 하나 있다. 바로 브루클린 브리지이다. 뉴요커들이 '위대한 다리The Great Bridge'라고 부르는 유일한 다리. 뉴욕을 묘사하는 그림·사진·글 등 모든 분야에서 가장 많이 등장하는 다리. 그게 바로 브루클린 브리지이다.

　　브루클린 브리지는 처음 뉴욕을 찾은 사람도 한눈에 탄성이 절로 나올 만큼 아름답다. 아름답다는 표현 이외에 다른 어떤 수식어가 떠오르지 않을 만큼 완벽하다. 지금도 맨해튼과 브루클린에 오가는 수많은 차량과 사람이 이용하는 이 다리가 무려 140년 전인 1883년에 개통되었다는 사실을 알게 되면, 누구나 한 번 더 놀라게 된다.

◆ 1885년 브루클린 브리지(1883년 개통 직후)
(자료: New York City, Yesterday & Today, 1990)

　뉴욕에는 랜드마크 역할을 하는 건축물이 많지만, 시간이 지날수록
사람들의 관심과 사랑이 계속 커지는 건축물은 브루클린 브리지가 최
고가 아닌가 싶다. 필자가 뉴욕살이를 시작한 2015년보다 뉴욕을 떠
난 2018년에 이곳을 찾는 관광객 수가 훨씬 더 늘었고, 랜드마크로서
의 존재감도 계속 우상향하는 걸 느낄 수 있었다. 아마도 지금 그 인
기는 더해졌을 것이다.

브루클린 브리지는 어떻게 뉴욕을 찾은 관광객들이 반드시 들러 보아야 할 필수 코스가 되었을까? 가장 큰 이유는 최근 들어 브루클린이라는 동네 자체가 힙한 젊은이들의 성지聖地로 크게 떠올랐고, 이렇게 힙한 브루클린으로 가장 빨리 접근할 수 있는 다리가 바로 이곳이기 때문이다.

그다음으로 맨해튼의 전체적인 풍광을 가장 멋있게 볼 수 있는 지역이 브리지 바로 건너편인 브루클린 하이츠Brooklyn Heights라는 점, 그리고 브루클린 브리지가 시작되는 로어 이스트 지역이 예전에 비해 훨씬 안전해졌다는 점 등을 꼽을 수 있다. (실제로 70~80년대에 뉴욕을 들렀던 사람들은 당시 위험해서 쳐다보지도 않았던 이 다리가 이제 빼놓을 수 없는 관광 명소가 되었다는 사실에 충격을 받기도 한다.) 그러나 무엇보다 세월이 지날수록 빛을 발하는, 실용적이고도 예술적인 아름다움이 이 다리가 지속적으로 사랑받는 가장 큰 이유라고 생각한다.


맨해튼 로어 이스트의 뉴욕시청공원City Hall Park과 이스트강East River 건너 브루클린 하이츠를 잇는 이 다리는 길이 1,833.7m, 너비 25.9m, 높이주탑 82.9m에 달하는 현수교Suspension Bridge이다. 다리 가운데 네오고딕 양식의 주탑 두 개가 우뚝 서 있으며 여기에 수없이 많은 강철 케이블이 연결되어 다리를 지탱해 준다.

다리가 개통된 지 얼마 지나지 않아 오드럼Robert E. Odlum이라는 모험가가 다리에서 맨몸으로 뛰어내리는 실험을 했는데, 입수한 지 45분

후 내출혈로 사망하는 사건이 있었다. 그만큼 다리가 높다는 뜻이다. 1903년까지 세계에서 가장 긴 현수교였으며, 한때 세계 8대 불가사의 건축물 중 하나로 불리기도 하였다.

독일 건축가 존 로블링John A. Roebling과 워싱턴 로블링Washington Roebling 부자父子가 설계하고 건축하였는데, 이들의 독특한 건축 기법은 후에 홀랜드 터널(맨해튼과 저지시티를 잇는 허드슨강 하저 터널)과, 현지 한국인 사이에 흔히 '조다리'로 불리는 조지 워싱턴 브리지(맨해튼과 뉴저지를 잇는 허드슨강 현수교)에도 영향을 주었다. 다리는 차량과 마차 등이 다니는 아래층과 사람들이 걸어 다니는 위층의 2층 구조로 설계되고 건축되었다. 아래층 교에 지금은 많은 차량이 자유롭게 달리고 있지만, 1944년까지는 교량용 고가 철도가 시속 40마일로 운행되었다고 한다.

처음으로 뉴욕과 브루클린 간 다리를 구상하고 설계한 존 로블링은 안타깝게도 다리가 막 착공된 1869년 불의의 사고로 사망하고, 아들 워싱턴 로블링이 그 뒤를 잇는다. 부친보다 더 주도면밀한 성격을 가졌던 워싱턴 로블링은 실제 다리가 만들어지는 데 최고책임자로서 결정적 기여를 했지만, 아버지의 불행을 이어받았는지 1870년 불의의 사고를 당한다. 브리지 주탑을 해저 바닥에 박는 잠함Caisson 공사를 하던 도중 사고로 평생 불구가 된 것이다.

그러나 워싱턴 뢰블링은 이에 굴하지 않고 끝까지 임무를 다하는데,

현장에 나가지 못하는 대신 그의 아내<sub>에밀리 로블링</sub>에게 편지를 써서 현장 엔지니어에게 지시하는 방식으로 공사를 진행한다. 현장을 잘 보지도 못하고 편지로만 교신하면서 10여 년간 공사를 마무리하는 것이 과연 가능한지는 지금까지도 논란으로 남아 있다고 한다.

착공부터 완공까지 무려 14년이 걸렸고, 공사 도중 설계자의 사망과 최고책임자의 사고, 20여 명 인부의 사망, 각종 부패 스캔들로 얼

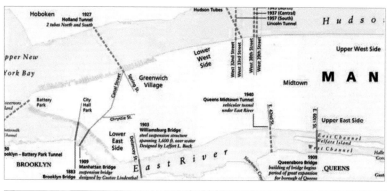

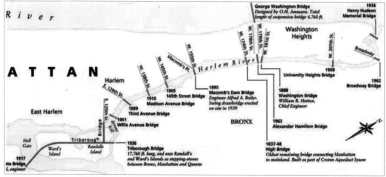

◆ 맨해튼섬과 주변을 잇는 다리들(브루클린 브리지는 위 지도 좌측 하단에 위치)
자료: The Historical Atlas of New York City(2004)

룩진 이 거대한 역사는 결국 1883년 5월 전 미국을 들썩이게 할 만큼 대단한 축하 개통식을 개최하며 해피엔딩으로 막을 내린다. 이후 워싱턴 로블링은 은퇴하여 뉴저지 시골에서 은둔 생활을 하는데, 온갖 성공과 불행이 교차했던 인생이었지만 1929년 89세의 나이로 눈을 감을 때까지 세기적 건축물을 완성했다는 영광 하나만으로도 축복받은 인생이었다.

◆ 브루클린 브리지 건너편에 있는 그리말디 피자집 내부. 오른쪽에 걸터앉은 분이 수십 년을 운영한 이 집 사장님이다.

브루클린 브리지는 수없이 많은 케이블로 연결된 현수교여서인지 실제 다리를 걷다 보면 마치 출렁거리는 듯한 착시(실제로는 끄떡없다)가 느껴진다. 이 다리가 특히나 매력적인 이유는 다리 중간쯤에서 맨해튼을 바라보는 전경이 몹시도 아름답기 때문인데, 우리가 흔히 보는 맨해튼 전경 사진이나 달력 등은 대부분 이 브리지 위나 다리 건너편 브루클린 하이츠에서 찍은 사진들이다.

브루클린 쪽으로 다리를 건너면 우리에게 익숙한 덤보DUMBO가 보인다. 뉴욕 부동산업자들이 '맨해튼 브리지 끝단 아래 지역Down Under the Manhattan Bridge Overpass'이라고 부르던 것이 지역 명칭이 된 곳인데, 영화 〈원스 어폰 어 타임 인 어메리카Once Upon a Time in America〉의 포스터 배경으로도 유명해 관광객들이 사진 한 컷씩은 필수로 찍고 간다.

참고로, '덤보'의 브리지는 브루클린 브리지가 아니라 그 옆의 맨해튼 브리지이다. 덤보 지역 부근에는 뉴욕에서 알아주는 피자집들(그리말디스 피자, 줄리아나 피자)이 여러 곳 있어서 브리지를 구경한 후 허기를 달래기에도 안성맞춤이다.


이 브리지의 또 다른 특징은 낮에 보는 모습과 밤에 보는 모습이 제각기 다른 매력을 뽐낸다는 것이다. 낮에는 당연히 맨해튼 전경을 즐길 수 있다는 점이 가장 큰 매력인데, 사람들로 붐비는 낮보다는 이른 아침, 특히 느긋한 일요일 아침 시간에 방문하는 것을 추천하고 싶다. 늦은 밤에도 이곳은 브리지를 즐기는 관광객들이 몰려 별로 위험하지 않다.

필자의 경우 낮보다는 밤의 브루클린 브리지가 기억에 많이 남는다. 멀리 자유의 여신상이 보이는 맨해튼 남쪽 바다 위를 바라보니, 마치 하늘에 떠 있는 양 구름 속을 걷는 느낌을 받았다. 칠흑같이 어두운 태평양 바다 한가운데서 출렁거리는 듯한 다리에 서서 맨해튼을 바라보며 밤이 주는 아늑함을 마치 꿈결처럼 느끼던 그 밤의 정경은 평생 잊히지 않는다. 옆에 사랑하는 연인이나 가족이 함께한다면 이 편안하고도 특별한 경험은 더더욱 좋은 기억으로 오래 남을 것이다.

◆ 브루클린 브리지를 건너는 사람들 모습

# #11

# 뉴욕의 넘버원 랜드마크,
# 자유의 여신상

아마도 뉴욕, 아니 '미국' 하면 자유의 여신상Statue of Liberty을 가장 먼저 떠올리는 사람들이 많을 것이다. 그만큼 뉴욕과 미국에 대해 자유의 여신상이 갖는 상징성은 대단하다. 이집트의 피라미드, 프랑스의 에펠탑, 브라질의 예수상, 캄보디아의 앙코르와트 등등 세계 각지에 그 나라를 대표하는 랜드마크 건축물이 있는 것처럼 미국의 대표 건축물 하나를 꼽으라면 아마도 이 독특하면서도 이국적인 여신상이 그 자리를 차지하지 않을까 싶다.

자유의 여신상으로 가는 크루즈 티켓은 맨해튼 다운타운 배터리 파크Battery Park 안 매표소에서 판매한다. 보통 많이 이용하는 티켓은 여신상이 있는 리버티섬Liberty Island을 들러 앨리스 아일랜드Ellis Island까지 다녀오는 항로로 구성된다. 뉴욕 초기 이민자들의 입국을 심사했던 연방 이민국의 소재지 앨리스 아일랜드에서 바라보는 자유의 여신상은 그야말로 자유와 미래를 꿈꾸며 이국땅을 밟는 이민자들의 마음에 희망의 메시지와 애잔함을 불러일으킨다.

영화 〈대부Mario Puzo's The Godfather〉 속편 앞부분에 어린 돈 코를레오

네가 홀로 입국하자마자 격리된 앨리스 아일랜드에서 자유의 여신상을 바라보는 장면이 나오는데, 꼭 이런 느낌이다. 지금은 그 빛이 많이 바래 언제 그랬던가 싶기도 하지만, 미국을 자유의 나라로 꿈꾸게 하는 무언가가 이 거대한 여신상을 통해 많은 사람의 마음속에 전해지고 있었던 듯하다.

사실 뉴욕에 사는 사람들이 자유의 여신상을 찾는 경우는 드물다. 대부분 뉴욕을 처음 찾는 관광객이나 미국 내 다른 지역에 사는 미국인들이 주로 관람한다. 마치 서울 사람일수록 63빌딩이나 롯데타워 전망대를 잘 가지 않거나 제주나 속초 사람들이 한라산이나 설악산에 잘 오르지 않는 것과 같은 이치다. 하지만 서울 어디에서도 롯데타워나 63빌딩을 쉽게 찾을 수 있고, 제주나 속초 어디를 가도 한라산이나 설악산의 숨결을 느낄 수 있는 것처럼, 미국인, 특히 뉴요커들에게 자유의 여신상은 마치 늘 곁에 있는 자유의 숨결과 같은 특별한 의미로 존재한다.

그렇다면 맨해튼 남쪽 바다 한가운데 자그마한 섬에 우뚝 서 있는 이 조각상은 언제부터 어떻게 그 자리에 서 있었던 걸까? 왜 자유의 여신상이란 이름이 붙었고 누가 어떤 동기로 만든 걸까? 처음 그 자리가 그냥 바다였다고 생각하면 이처럼 많은 궁금증이 떠오른다. 이제 그 답을 정리하며 이 거대하고도 독특한 조각상에 얽힌 이야기들을 하나하나씩 풀어가 보자.

자유의 여신상은 보통 'Statue of Liberty'로 불리지만 정식 명칭은 'Liberty Enlightening the World'이다. 잘 알려진 대로 이 여신상은 미국의 독립기념일을 축하하기 위해 프랑스 정부가 미국에 보낼 선물로 만들어졌다. 요즘 같은 시대에는 상상하기 어려울 만치 낭만적이지만 150년 전 당시엔 국가 간에도 이런 일이 가능했다. 물론 그때도 국익을 위해 서로 치열하게 다투었지만 19세기는 이렇게 정치 외적인 영역에서는 예술과 낭만, 문화적 자신감 등이 충만했던 시대였다.

프랑스 건축가 프레데리크 오귀스트 바르톨디 Frederic-Auguste Bartholdi는 1865년 어느 날 베르사유에서 열린 디너파티에 참석한다. 당시 프랑스의 저명한 역사학자 Laboulaye가 호스트였는데, 그날 밤 그가 '프랑스는 미국의 독립에 결정적 도움을 준 데 대해 무한한 자부심을 느끼고 있으며 이를 기념하기 위해 거대한 기념물이 건축된다면 이보다 더 좋을 순 없을 것'이라고 연설한 데서 영감을 얻어 이 여신상 건축에 착안했다는 것이 정설이다.

바르톨디는 이날 받았던 영감을 실제로 구현하려 노력한다. 1876년 미국 독립 100주년을 기념하여 조각상을 완성하는 것을 목표로 미국 정부와 프랑스 정부가 서로 협력하는 것을 전제로 건축을 추진한다. 미국이 조각상의 부지와 토대를 제공하고 프랑스가 조각상을 제작하여 기부한다는 약속하에 드디어 바르톨디는 1875년 조각상의 디자인을 완성한다.

여신상이 위로 치켜든 오른손에는 세계를 비추는 자유의 횃불을,

왼손에는 '1776년 7월 4일'이라고 적힌 독립선언문 서판을 들고 서 있는 형상으로 만들어졌는데, 여신상의 얼굴은 건축가 바르톨디의 어머니를 모델로 하였다고 전해진다. 여신이 쓰고 있는 왕관은 7개의 빛살로 이루어지는데, 횃불이 비추는 전 세계 7개 대륙과 7개 대양을 의미한다. 여신상은 부러진 족쇄를 밟고 있는 것으로 묘사되었는데, 이는 억압에서 풀린 자유를 표현한다. 여신상은 청동으로 만들어졌으며 총

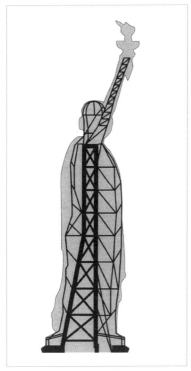

◆ 자유의 여신상의 내부 구조
(자료: New York City Yesterday & Today)

◆ 1882~1883년 마무리 결합 중인 자유의 여신상
(자료: The New York Public Library)

무게 225톤, 지면에서 횃불까지 93.5미터에 이르며, 왕관 부분에는 전망대를 설치하는 방식으로 건축되었다.

바르톨디는 여신상을 만들어 갈수록 미국 독립일까지 기한 내에 완성하는 것이 어렵다고 판단하고 일단 만들어진 부분 부분들을 파리나 미국 등지에 먼저 전시하고, 모든 파트가 완성되면 이를 결합하여 완전체를 뉴욕으로 수송하기로 계획한다. 이에 따라 횃불을 든 오른쪽 팔은 1876년부터 필라델피아(Centennial Exhibition), 뉴욕(메디슨 스퀘어) 등지에서, 청동 머리 부분은 1878년 파리 국제박람회에서 전시하는 식으로 일부분만 공개했다.

공사가 진행되면서 또 하나 애를 먹었던 건 이 거대한 동상이 어떻게 뉴욕항만 대서양의 세찬 바람을 견디어 내느냐 하는 것이었다. 이에 대한 해결책은 에펠탑의 설계자로 유명한 구스타브 에펠Gustave Eiffel 이 제시하는데, 조각상 내부에 에펠탑 같은 철골 구조물을 세워 거친 비바람에도 유연성 있게 지탱할 수 있도록 하는 방식을 적용하였다. 즉 여신상은 하나의 통으로 이루어진 조각물이 아니라 외부는 얇은 청동판을 이어 붙인 조각 표면으로 이루어지고, 내부는 에펠탑처럼 계단과 엘리베이터가 설치된 철골 구조물로 이루어진 이중 구조물인 셈이다.

여신상은 1884년 2월 완성되어 7월 미국에 공식 기부하는 것으로 일정이 공식 발표된다. 일정에 따라 1885년 조각상이 214개 파트로 분해되어 뉴욕으로 이송된다. 그러나 또 하나의 걸림돌이 존재하고 있었는데, 미국 정부에서 당초 제공키로 하였던 여신상의 토대(받침대) 제작이 지연되고 있던 것이다.

이번에는 퓰리처(퓰리처상으로 유명한)의 활약으로 모금이 빠르게 진행되어 1886년 10월, 드디어 현재의 위치(리버티섬)에 자유의 여신상이 완성된다. 10월 28일 개축일에는 뉴욕시 5번가를 중심으로 수백만 명의 인파가 모여들었으며 여신상 부근에서 300여 대의 선단이 화려한 축하 행사를 벌였다고 한다.

이 아름다운 여신상은 9·11 테러 직후 2차 테러 목표물이 될 것을 두려워하여 미국 정부가 한동안 내부 관람을 통제할 만큼 미국인들의

◆ 독립선언문 서판을 쥔 '여신상 왼팔' 건축을 지휘 중인 바르톨디(아래 서 있는 두 사람중 죄측 인물)
(자료: The New York Public Library)

애착이 큰 조각물이며, 워낙 오래되고 늘 거센 바람에 노출되다 보니 내·외관 보수 공사가 잦은 건축물이기도 하다. 무엇보다 독특한 것은 이 예술품에 가까운 거대조각상이 미국이 아닌 다른 나라에서 국가 경축일을 축하하기 위해 선한 의지로 만들어져 기증되었다는 사실이다.

물론 당시 프랑스가 미국 진출을 염두에 두고 제공한 일종의 정치적 행위였다고 평가할 수도 있겠지만, 착안부터 완공까지 20년 이상을, 각종 모금과 협업을 통해 난관을 극복해 가면서 순수한 자유의지로 이루어진 국가 간 기부 행사의 유물로서 이 여신상이 갖는 의미는 절대 폄하하기 어렵다. 그 의미는 미국뿐 아니라 국제적으로도 각별하다고 생각한다. 아마도 역사적으로 유례를 찾기 힘들 뿐 아니라 지금처럼 각박한 각자도생의 시대에 앞으로는 상상하기조차 어려울지도 모른다.

◆ 1878년 파리 국제박람회에서 전시 중인 자유의 여신상 머리 부분
(자료: The New York Public Library)

# 12

# 뉴욕 안의 중세 유럽,
# 클로이스터즈

뉴욕 맨해튼에 많은 미술관이 있지만 그중에서도 가장 독특한 미술관을 하나만 꼽으라면 아무 고민 없이 '클로이스터즈 The Cloisters'를 꼽고 싶다. 맨해튼 서북쪽 허드슨강이 내려다보이는 작은 언덕에 고즈넉이 솟아 있는 이 고풍스러운 건물은 미술관이라기보다는 하나의 유적 그 자체다.

　　그런데 이 건물은 '미국에 난데없이 웬 중세 유럽 건물이야?'라고 물을 만큼 생뚱맞게 유럽의 중세 수도원을 인위적으로 모방한 것이어서 유적이라고 하기도 어렵다. 그렇다고 유적이 완전히 아닌가 하면 또 그건 아닌 것이, 이 미술관 건물의 많은 부분이 진짜 유럽 수도원 건물의 파편들을 모아 다시 짜 맞춘 역사적 실재물이기 때문이다. 결론적으로 클로이스터즈는 아주 완전한 형태는 아니지만 중세 시대 유적의 파편들을 모은 짜 맞추기식 유적이라고 하는 게 정확한 표현일 것이다.

　　그러나 그 유적은 당연히 미국의 것은 아니며, 미국인이 유럽에서 모아 공수해 온 유럽의 유적 부분 부분들이다. 보다 정확히 말하면, 중세 프랑스의 유적 파편들을 모아 복원한 것이다. 그래서 클로이스터즈는 미국도 뉴욕도 아닌, '뉴욕 안의 중세 유럽'이라 불러도 좋을 만큼 매우 독특한 건축물이자 미술관이다.

또 한 가지 클로이스터즈가 특이한 건, 건물 자체가 중세 수도원 건물의 잔해로 만들어진 점 외에도 그 안에 전시된 작품들 대부분이 중세 시대에 만들어진 회화나 조각, 공예품들이어서 미술관과 미술품이 동시에 중세 유적이라는 점이다. 사실 클로이스터즈는 어느 한 장소를 지칭하는 고유명사가 아니다. 클로이스터즈는 수도원 안에 있는 건축물의 한 부분을 지칭하는 일반명사로 사전적으로는 '수도원 내 직사각형으로 이루어진 안뜰을 둘러싼 여러 건물'을 의미한다.

미술관 클로이스터즈도 미로 같은 출입구를 지나 걷다 보면 커다란 안뜰이 여러 개 나오는데 각각의 안뜰을 둘러싼 여러 건물, 즉 미술관 클로이스터즈 안에서 네 개의 클로이스터즈를 만나 볼 수 있다. 이 안뜰 주변 클로이스터즈 안에 있는 작은 홀들엔 중세 시대의 아름다운 예술품들이 고색창연한 자태를 뽐내고 있다.

안뜰은 별다른 전시 없이 휴게 공간으로 사용되고 있는데, 관람객들이 잠깐씩 앉아 쉬면서 중세 수도원의 숨결을 느끼기 좋게 조용하면서도 편안한 공간을 이루고 있다. 누구나 잠시 앉아 눈을 감고 있노라면 마치 중세로 빨려 들어가는 듯한 묘한 느낌을 얻게 된다.

◆ 클로이스터즈 전경 1

뉴욕
핫플레이스의
어제와 오늘

◆ 클로이스터즈 전경 2

◆ 클로이스터즈 내부 벽화. 자세히 보면 벽화를 그대로 뜯어 온 흔적이 역력하다.

이 미술관의 유래는 1900년대 초반으로 거슬러 올라간다. 프랑스에서 활동하던 미국 조각가 조지 그레이 버나드 George Grey Barnard는 틈날 때마다 프랑스 전역을 돌며 예술품을 수집하는 것이 일이었다. 그러던 중 그는 놀라운 사실을 하나 발견하게 되는데, 중세 건축의 잔해들이 시골 구석구석, 산속 여기저기 널려 있는데도 어느 누구도 관심을 두지 않는다는 것이었다. 그는 프랑스 전역을 돌며 모은 엄청난 양의 석조물 잔해들을 모아 두었다가 미국으로 가져오는데, 나중에 이들을 모아 현재의 클로이스터즈 부근에 작은 미술관을 차린다.

그는 죽기 전 이 미술관을 매각하겠다는 의사를 밝힌다. 그리고 당시 예술품 컬렉터로 유명했던 록펠러 John D. Rockefeller, Jr.가 이를 매입하여 자신이 소유한 중세 미술품과 부근의 토지현 클로이스터즈 터를 메트로폴리탄 뮤지엄에 기부한다. 그래서 지금도 클로이스터즈는 메트로폴리탄 뮤지엄의 한 분관이고, 그 터는 허드슨강과 뉴저지가 한눈에 보이는 명당 중의 명당으로 알려져 있다.

버나드의 놀라운 수집품들이 현재와 같이 아름다운 클로이스터즈로 재창조된 것은 당시 메트로폴리탄 뮤지엄 소속 건축가 콜렌즈 Charles Collens 덕분이다. 1938년 그는 버나드의 수집품들을 기초로 4개의 작은 클로이스터즈로 이루어진 중세 수도원 건물을 복원한다. 다만 정확한 복원은 아니고, 예술품을 전시하기 위한 미술관으로 재해석한, 중세풍의 독특한 건축물로 재창조한 것이다.

클로이스터즈 내부에는 5세기~14세기에 이르는 중세 시대의 다양한 작품이 전시되어 있는데, 관람하다 보면 이게 가능한가 싶을 정도로 사실감이 느껴진다. 조금 과장되게 표현하면 중세 유럽 수도원의 일부를 방금 뜯어 온 것 같은 석조 벽화, 조각, 출입구 등이 마치 오래전부터 그 자리에 있었던 듯 자연스럽게 전시되어 있다.

예를 들어 로마네스크 홀Romanesque Hall에는 세 개의 석조 출입구가 있는데 12~13세기 각각 다른 프랑스 성당의 잔해를 그대로 옮겨 온 것이다. 이 정도면 유물이 유출된 국가에서 소송전이라도 해야 하는 것 아닌가 싶은데도, 국가 차원에서의 유물과 예술품 관리가 부실했던 당시에 정당한 경로로 반입했기 때문인지, 컬렉터(록펠러)의 자발적인 기부로 일반에 공유해서인지 몰라도 이상하리만치 이를 둘러싼 논란은 크게 알려진 바 없다.

◆ 개관 초기, 클로이스터즈 외관
(자료: The Metropolitan Museum of Art)

1층에는 클로이스터즈 작품을 통틀어 가장 유명한 〈유니콘 태피스트리The Hunt of the Unicorn〉 연작이 있다. 태피스트리란 중세 유럽에서 성행한 직물 공예로, 염색된 실을 이용해 모양을 짜 나가는 형태의 작품인데, 상상 속 동물 유니콘을 사냥하는 장면이 7개의 직물 시리즈로 연속해서 방을 한가득 채우고 있다. 정말 살아 있는 유니콘을 사냥하고 있는 것 같은 착각을 불러일으킬 만큼 사실적이고 역동감 있는 작품이라 일단 한번 보면 그 충격이 오래 남는다(참고로 중세 시대에 유니콘은 순수한 그리스도를 상징하는 동물로 자주 등장한다).

이 태피스트리 연작은 1500년경 브뤼셀에서 제작된 것으로 추정되는데, 이 연작을 만든 사람이나 최초 소유자 등이 파악되지 않아 작품

◆ 개관 초기, 클로이스터즈 내부 안뜰
(자료: New York City, Yesterday & Today)

의 기원은 여전히 미스터리로 남아 있다. 그 후 이 작품은 18세기 초까지 어느 프랑스 귀족 가문La Rochefoucauld Family의 대저택Chateau에서 침실 커튼 등의 용도로 사용된다. 그러다 프랑스대혁명으로 그 대저택이 수탈당하면서 가격을 매기기조차 어려운 이 희귀 중세 유물은 어느 시골 농가의 헛간에서 채소를 덮는 천으로 마구잡이로 사용되게 된다.

◆ 클로이스터즈 내부 안뜰(이를 클로이스터즈라고 한다)에서 휴식을 취하고 있는 관람객들

뉴욕
핫플레이스의
어제와 오늘

훗날 조상들이 이 '희한하고 오래된 커튼'을 가지고 있었다는 말을 들었던 이 귀족 가문의 후손이 하인 집 헛간에서 천 조각으로 사용되던 이 커튼을 우연히 발견하고는 제대로 복원하여 대저택에 다시 걸어두었다고 하는데, 이를 본 록펠러가 1923년에 이 직물 시리즈를 당시로는 아주 비싼 값에 매입한다. 그리고 10여 년이 지난 1937년, 록펠러가 메트로폴리탄 뮤지엄에 이 희대의 작품을 기부하면서 오늘날 우리가 보는 유니콘 태피스트리 연작이 클로이스터즈에 자리하게 된 것이다.

◆ 클로이스터즈 내부에 있는 13세기 프랑스 수도원 출입문
(자료: Museum of the City of New York)

이 밖에도 15세기 화가 캉팽Robert Campin의 수태고지(가브리엘 천사가 성모께 예수의 탄생을 알리는 성화)를 주제로 한 제단 위 그림(Triptych Altarpiece)도 유명하며, 프랑스 수도원에서 뜯어 온 흔적이 역력한 여러 석조 벽화, 중세 목제 예수상, 목제 성모 마리아상 등 마치 중세로 시간을 거슬러 돌아간 듯한 작품들이 홀마다 사실감 있게 전시되어 있다.

직접 감상해 보면 알겠지만 클로이스터즈의 작품들은 여느 다른 뮤지엄들과는 느낌이 확연히 다르다. 그건 작품들이 아주 오래된 유적인

◆ 클로이스터즈 내부에 있는 12세기 프랑스 수도원의 랑곤 예배당(Langon Chapel) 복원물
(자료: New York City, Yesterday & Today)

탓도 있지만, 중세 수도원을 복원한 미술관(클로이스터즈) 안 여기저기에 마치 수도원의 일부로 원래 있었던 것처럼 작품들이 자연스럽게 배치되어 있어서 수도원 내부를 돌면서 구경하는 듯한 느낌을 받기 때문이다. 가장 현대적이라 할 수 있는 뉴욕의 이미지와 대비되는 매우 독특하면서도 소중한 경험이 아닐 수 없다.

클로이스터즈 안 4개의 작은 클로이스터즈 안뜰은 12~15세기 지어진 프랑스 수도원을 모방한 형태로써 제각기 다른 건축양식을 따른다. 지금도 뜰 안에서는 중세 수도원에 실제로 서식하였던 허브 작물, 꽃, 나무들을 그대로 키우고 있다. 은은한 허브 향에 취한 듯 작품을 감상하다 잠시 쉬어 가는 안뜰에서 느끼는 편안한 안도감은 시끌벅적하고 화려한 뉴욕 그 어느 곳에서의 기억보다도 훨씬 더 오래도록 신비한 잔향으로 기억될 것이다.

◆ 유니콘 태피스트리 7개 시리즈 중 3편 〈도망치는 유니콘〉(왼쪽), 5편 〈사로잡힌 유니콘〉(왼쪽 문 위)

◆ 유니콘 태피스트리 7개 작품 중 1편 〈유니콘 사냥을 떠남〉(오른쪽), 6편 〈포획된 유니콘〉(중앙)

(자료: New York City, Yesterday & Today)

# 13

# 유럽을 향한 미국의 꿈,
# 소호

개인적으로 뉴욕에 대해 잘 모르던 시절에도 뉴욕에 있는 '소호(SoHo)'라는 지명에는 상당히 익숙했던 기억이 있다. 가난한 예술인들이 모여 사는 뉴욕의 허름한 거리. 돈은 없지만 미래를 향한 꿈과 낭만이 존재했던 순수한 아티스트들의 삶터. 여러 이미지가 이 소호라는 두 글자에 깃들여 있었던 것 같다.

　우리에게 소호가 특별히 익숙하게 다가오는 이유 중에는 한국이 낳은 세계적인 비디오 아티스트 백남준이 그의 인생 대부분을 살았던 장소가 바로 이곳 소호였다는 사실이 큰 몫을 차지할 것 같다. 백남준이 제2회 뉴욕 아방가르드 페스티벌에 초청되어 맨해튼에 도착한 1964년을 기점으로 그의 전시회가 거듭 대성공을 거두면서 아예 죽을 때까지 정착하여 예술혼을 불살랐던 공간이 바로 이곳 소호였다.

　당시 소호에 작업실을 두고 활동했던 리히텐슈타인1923~1997, 댄 플래빈1933~1996 같은 미술가들과 어깨를 나란히 하며 비디오 아트라는 독보적인 영역에서 세계적 아티스트로 우뚝 섰던 백남준에 대한 기억이 알게 모르게 맨해튼 소호를 우리에게 친숙한 공간으로 느끼게 하는 것 같다. 이렇게 뉴욕이 현대미술의 주도권을 잡으면서 미술사의 흐름을 유럽에서 미국으로 옮겨 놓았던 바로 그 시기, 2차 세계대전 직후부터 60~70년대에 미국발 현대미술의 황금기를 이끌었던 커뮤니티가 바로 맨해튼 소호였다.

◆ 1925년 뉴욕 화가 Georgia O'Keefe가 그린 브루클린 브리지 뷰
(자료: The Historical Atlas of New York City)

◆ 1943년 건축가 Frank Lloyd Wright가 설계하고 1959년 완공된 현대미술의 중심 구겐하임 미술관

소호는 '휴스턴 남쪽South of Houston'의 약자로 맨해튼을 가로지르는 중심거리 휴스턴 스트리트Houston Street 남쪽 구역을 이른다. 구체적으로는 휴스턴 스트리트 남쪽부터 차이나타운이 시작되는 커낼 스트리트Canal Street 북쪽까지 43개 블록의 구역을 지칭한다.

'소호'라는 명칭이 처음 쓰인 건 1960년대 들어서였다. 2차 대전 종전 이후 미국에서 꽃을 피웠던 추상 표현주의Abstract Expressionism 작가들이 맨해튼 남쪽 공장지대 건물의 버려진 다락방들에 하나둘 모여들면서 이들 아티스트 거주 지역을 통틀어 '소호'라고 부른 것이 그 발단이 되었다. 이후 한동안 소호는 추상 표현주의 작가들의 실험적인 갤러리를 통칭하는 일반명사처럼 불리게 되는데, 위에 언급한 백남준, 리히텐슈타인을 비롯하여 이름만 들어도 알 수 있는 수많은 표현주의 작가가 이곳에서 배출되고 활동하였다.

사실 추상 표현주의가 소호에서 빛을 발하기 전까지 미국 미술은 그저 일개 지역 미술 또는 파리를 중심으로 형성되던 국제적 흐름을 모방하는 한낱 로컬 미술에 불과했다. 그러나 2차 대전을 거치면서 최대 승전국 미국의 국제적 위상이 급격히 높아지고, 유럽미술에 싫증을 느끼고 무언가 새로운 예술 조류를 찾아 헤매던 글로벌 미술사의 흐름에 편승하면서 뉴욕이 유럽을 대체하는 아방가르드Avant-garde의 새로운 전초기지로 급부상하게 된다.

이 당시 소호를 대표했던 추상 표현주의 작가들로는 쿠닝William de

Kooning, 호프만Hans Hofmann 등 유럽파와 폴록Jackson Pollock, 뉴먼Barnett Newman 등 미국파가 있었다. 이후 미술 양식은 좀 더 미국적이고 대중적인 쪽으로 방향을 트는데, 이런 흐름의 대표 주자가 바로 1962년 혜성처럼 등장한 앤디 워홀Andy Warhol이다. 이른바 예술과 상업을 결합한 완전히 새로운 형태의 미술, 소위 '팝 아트'라 불리는 현대미술의 서막이 오르게 된 것이다.

어떻게 보면 추상 표현주의가 발전하다가 미국적인 양식으로 방향을 잡고, 예술과 상업의 경계가 허물어지면서 '팝 아트'라는 신조류가 형성되었다고도 볼 수 있는데, 그 후 현대미술은 다양한 실험과 굴곡을 거쳐 오늘날 양식으로 진화하게 된다. 이제 뉴욕은 더 이상 로컬이 아닌 전 세계 현대미술의 메카이자 구심점으로 굳건히 자리 잡게 된 것이다.


지금의 소호는 과거와는 아주 다르다. 꿈과 낭만으로 가득한 예술인 지역으로서의 이미지를 잃어버린지는 한참되었다. 그래도 아직 소호는 작고 독특한 편집매장, 개성 있는 레스토랑, 다양한 독립 서점 등 새롭고 재미있는 볼거리로 가득하다. 부근에 있는 뉴욕대학교NYU의 젊은 이들로 늘 북적거려서인지, 그리니치 빌리지Greenwich Village 주변의 젊고 신선한 거리로서의 명맥은 계속되고 있다.

실제 이곳 소호나 그리니치 빌리지의 임대료나 주택 가격은 이미 맨해튼 내에서도 비싸기로 정평이 났다. 저렴한 임대료로 예술가들이 몰렸다는 이야기는 이미 전설이 된 지 오래다. 그래도 여전히 각양각색의 숍, 레스토랑, 유명 브랜드의 플래그십 스토어, 재즈바 등 문화적 다양성이 가득한 흥미롭고 실험적인 구역으로서는 맨해튼 내 최고라고 생각한다.

특히 브루클린이 힙하고 젊은 거주 지역으로 뜨면서 소호 동쪽 브루클린 브리지까지의 로어 이스트 Lower East 지역까지를 포함하여 문화적 다양성이 가득한 구역으로 점차 거듭나고 있다. 브루클린 이야기가 나와 한마디 덧붙이자면, 지금도 맨해튼 로어 이스트나 브루클린 거리를 걷다 보면 곳곳에 대형 길거리 낙서 Graffiti를 심심치 않게 볼 수 있는데, 이런 그라피티 문화도 1960년대 추상 미술과 상업이 결합될 무렵 시작되었다고 한다.

초기에는 그라피티를 그저 지저분한 대형 길거리 낙서 정도로만 인식하고 지역 이미지를 떨어뜨린다는 이유로 비난하는 시선이 절대다수였지만, 이젠 지역 문화를 보여 주는 하나의 표현 양식으로서 긍정적으로 보는 시각이 훨씬 많아졌다. 그라피티는 현대미술이 거리로 파생되어 대중화된 좋은 예이다. 과거 소호에서 비롯된 미술 조류가 힙한 거리문화와 만나면서 이 같은 대중적 그라피티 문화가 시작되었다고 하는 것만 보아도 소호가 대중예술과 대중문화에 얼마만큼의 영향을 미쳤는지 가늠할 수 있다.

맨해튼에 살면서 시간 날 때마다 다녀 보는 코스가 여럿 있었는데,

◆ 소호지역에서 인기 있는 Supreme 플래그십 스토어

그중에서도 개인적으로 가장 좋아했던 코스가 바로 소호 돌아보기였다. 지하철로 프린스Prince 스트리트에 내려 근처에 있는 독립 서점 하우징 웍스Housing Works에서 책을 뒤적거리다가 주변 허름한 스시집이나 피자집(유명 피자집이 밀집해 있다)에서 간단히 요기하고 빈티지 숍이나 새로 생긴 편집매장 등을 구경하다 보면 반나절이 휙 지나는데, 언제 가 봐도 새로운 볼거리가 나타나는 게 놀랍고도 신기했다.

오프라인 스토어가 거의 없기로 유명한 의류 브랜드 '슈프림Supreme'의 플래그십 스토어도 맨해튼 내 소호에 달랑 하나 있다. 줄서기 마케팅 전략 때문인지 대기 라인이 너무 길어 한참을 서서 기다려야 하는데도 늘 사람들로 북적거린다. 스토어 직원들(대부분 흑인이다)이 사람들을 길게 늘어세우고 한 사람씩 들여보내는데, 지나가던 사람도 호기심에 그냥 줄을 서 보는 경우도 많다.

한참을 기다려 좁은 매장 안으로 들어서면 고가의 티셔츠, 바지, 재킷들이 있는데 비싸긴 해도 워낙 유명 브랜드인 데다 언제나 새롭고 힙한 디자인에 품질이 워낙 좋아 나도 모르게 구매욕이 일어난다. 결국은 그 긴 줄을 서서 기다렸다는 보상 심리가 작용해서인지 그중에 제일 싸고 점잖아 보이는 티셔츠를 하나 사 들고 나오는 걸로 마무리된다. 유명 브랜드의 샘플 세일도 이곳 소호에서 이루어지는 경우가 많다. 평소 관심만 가지고 있으면 간혹 저렴한 가격에 명품 브랜드를 득템하는 행운을 누릴 수도 있다.

뉴욕대 재학생이나 뉴욕 소개 책자에 자주 나오는 맛집이나 상점을 찾은 관광객뿐 아니라 우리나라 젊은이도 자주 눈에 띈다. 화보를 찍는 모델과 사진작가들에게도 소호의 오래된 골목은 배경 화면으로 많이 선호된다. 그래서 거리 곳곳에서 사진을 찍는 전문가들의 모습도 흔히 볼 수 있다.

　온라인이 대세인 디지털 시대에도 가장 뉴욕스러운 다양성이 살아 있으면서 새로움과 오래됨이 교차하는 '문화 해방구' 소호가 내뿜는 매력은 무시하기 어렵다. 오히려 디지털이 발전하면 할수록 소호가 지닌 아날로그적 매력은 더더욱 그 깊이를 더해 가지 않을까 생각해 본다.

◆ 1996년 맨해튼 로어 이스트 지역의 그라피티(자료: The Historical Atlas of New York City)

◆ 최근 브루클린 거리에 그려진 대형 그라피티

#14

# 뉴욕 기부문화의 상징,
# 록펠러 센터

　뉴욕 맨해튼의 최고 중심, 정중앙은 어디일까? 타운으로 치면 미드타운, 동서 애버뉴로 치면 5번~6번 애버뉴, 남북 스트리트로 치면 센트럴 파크 남단 50번대 스트리트쯤 될 것이다. 이렇게 보았을 때 가장 중심에 있는 랜드마크는 바로 록펠러 센터이다. 48번부터 51번 스트리트, 5번부터 6번 애버뉴가 교차하는 중심에 21개 건물이 밀집해 있는 복합 상업 단지로 맨해튼의 딱 중심에 해당한다.

　록펠러 센터는 뉴욕을 처음 방문하는 사람에게는 그저 '록펠러'라는 전설적인 부자가 세워서 기증한 건물, 매년 크리스마스트리 점등식이 열리는 이벤트의 명소, 겨울철 스케이트를 즐기는 아이스링크가 있는 곳, 맨해튼 중심의 전망대Top of the Rock가 있는 곳 정도로 인식된다. 하지만 뉴욕에 사는 사람들에겐 조금 다르다.

　이들에게 록펠러 센터는 맨해튼 동서남북 어디를 가도 지나칠 수밖에 없는 중심, 뉴욕 시민의 나눔과 공유의 숨결이 느껴지는 공간, 세인트 패트릭 성당 맞은편 만남의 장소, NBC 미디어센터가 있는 곳 등 생활공간으로서의 이미지가 강하다. 우리로 말하면 명동성당 부근에

있는 유명 백화점들에 지상파 방송이 들어가 있는 복합상업센터 정도
로 이해하면 될 것 같다.

  록펠러 센터를 제대로 이해하려면 이 거대 상업단지의 역사부터 훑
어볼 필요가 있다. 원래 목초지였던 이곳이 최초로 개발된 건 1801년
데이비드 호삭David Hosack이라는 뉴욕 의사(뮤지컬 〈해밀턴〉의 실제 주인공
알렉산더 해밀턴이 결투로 치명상을 당했을 때 그를 치료했던 의사로 유명)에 의
해서였다. 호삭은 이 부지를 식물원으로 개발했다가 1811년 뉴욕주에
매각한다. 뉴욕주는 다시 이 부지를 컬럼비아 대학교에 기증하고, 대

◆ 록펠러 센터 아이스링크의 과거 모습. 프로메테우스 조각상이 세워진 직후 1935년, 아이스링
크 워터파이프가 설치되는 모습.
(자료: New York City, Yesterday & Today)

◆ 록펠러 센터 아이스링크의 현재 모습

뉴욕
핫플레이스의
어제와 오늘

학은 이곳에 많은 소건물을 지어 리스로 운영하다가 1928년 메트로폴리탄 오페라 컴퍼니에 매각한다.

당시 뉴욕에서는 미드타운(브로드웨이와 39번 스트리트 교차 지역)에 있던 오래된 오페라 하우스를 헐고 새로운 오페라 하우스를 짓자는 시민운동이 활발했는데, 거부 록펠러John D. Rockefeller, Jr.가 이에 앞장서 메트로폴리탄 오페라 컴퍼니의 최대 주주로 참여하고 있었다. 그러나 예기치 않게 1929년 대공황이 시작되면서 이 회사도 파산하고 마는데, 록펠러는 이에 굴하지 않고 개인 재산을 들여서라도 어떻게든 매입 부지를 활용하겠다는 계획을 세운다.

결국 오페라 하우스를 짓겠다는 애초의 꿈은 물거품이 되었지만, 록펠러는 이 핵심 부지 개발사업을 오히려 대공황을 타개하기 위한 대규모 일자리 창출 사업으로 발전시키겠다는 꿈을 키운다. 마침내 그는 이곳을 뉴욕 시민들을 위한 공간, 기업과 미디어가 결합된 복합상업지구로 개발하기로 결심하고 대규모 개발사업을 추진하는데, NBC의 모기업인 RCARadio Corporation of America 등이 입주에 참여하였다.

개발사업의 대장정은 대공황이 한창이던 1931년 시작되어 1940년 마무리되었는데, 무려 225,000명의 노동자가 고용되었고 록펠러의 사비 1억 3,500만 달러가 투입되었다고 한다. 개발 전 난립하였던 228개 군소 빌딩이 흔적도 없이 사라지고 22에이커(대략 26,400평) 부지에 지금과 같은 현대식 건물 21채가 웅장하게 들어선 것이다.

◆ 록펠러 센터 시공 전 모습. 1931년 6번 애버뉴, 51번 스트리트에서 5번 애버뉴쪽으로 바라본 모습. (자료: New York City, Yesterday & Today)

◆ 록펠러 센터 시공 후 모습

5번가 세인트 패트릭 성당 앞에서 록펠러 센터로 들어서려면 6번가 쪽으로 저만치 보이는 거대한 메인 빌딩(GE 빌딩) 앞으로 길고 좁은 통로를 지나야 한다. 이 통로의 공식 이름은 산책로란 의미의 '프롬나드Promenade'이다. 하지만 사람들 사이에선 채널가든Channel Gardens 으로 더 잘 알려져 있다. 여기서 채널은 영국과 프랑스를 가로지르는 잉글랜드 해협English Channel을 비유한 말로, 프롬나드 양옆의 두 건물이 프랑스식 라 메종 프랑세즈La Maison Française와 영국식 브리티시 엠파이어 빌딩British Empire Building인 점을 빗대어 표현한 것이다.

　채널 가든을 쭉 걸어가면 끝에 아이스링크가 있는 로어 플라자Lower Plaza가 보인다. 물론 겨울철에 그렇다는 이야기고, 여름철엔 야외 레스토랑이나 카페로 쓰인다. 아이스링크 한가운데에는 금빛 조각상 하나가 아름다운 자태를 뽐내고 있는데, 바로 프로메테우스Prometheus, Paul Manship, 1934 조각상이다. 어찌나 금빛인지 이게 통째로 순금 아닌가 하는 착각이 들 정도이다. 링크 위로는 유엔 만국기가 펄럭이는데, 뉴욕이 유엔 빌딩이 있는 '국제 평화' 도시라는 이미지를 심어 주는 듯하다.

　GE 빌딩 70층 꼭대기에는 유명한 전망대 '탑 오브 더 락Top of the Rock'이 있다. 뉴욕의 랜드마크 전망대로는 유명한 엠파이어 스테이트 빌딩 전망대와 최근 지어진 원 월드 전망대One World One World Observatory가 있지만 어떤 사람들은 탑 오브 더 락을 최고로 친다. 높이는 그렇게 높지 않으나 맨해튼의 정중앙에 위치하여 사방을 가장 잘 볼 수 있

◆ 5번가에서 바라본 록펠러 센터 앞. 눈이 쌓인 아틀란티스 상이 보인다.

다는 것이 그 이유이다. 실제로 탑 오브 더 락에서 보는 엠파이어 스테이트 빌딩이 매우 현실적이고 야경이 특히나 아름다워서 그 이유를 실감케 한다.

이 빌딩에는 미국의 대표 지상파 방송 중 하나인 NBC가 입주하여 대부분의 인기 프로그램을 현재도 제작·송출하고 있는데, 지미 펄론의 〈더 투나잇 쇼〉, 세스 마이어스의 〈레이트 나이트〉, 〈SNL<sup>Saturday Night Live</sup>〉 등 토크쇼와 보도 전문 채널 MSNBC가 모두 여기서 제작·방영된다.

GE 빌딩 옆 6번 애버뉴 쪽에 위치한 대형 엔터테인먼트 홀 '라디오 시티 뮤직홀<sup>Radio City Music Hall</sup>'도 록펠러 센터의 건물 중 하나다. 매년 크리스마스 시즌에 공연하는 로케츠<sup>Rocketts</sup> 공연으로 유명한데, 보통 12월 한 달 내내 공연이 이어지므로 이 무렵 뉴욕을 찾는 관광객이라면 관람할 가치가 충분히 있다.

미국에서 매년 크리스마스 시즌의 시작을 알리는 시점은 정확히 록펠러 센터의 크리스마스트리 점등식이 열리는 그 순간이다. 센터 앞 채널 가든은 물론 부근 세인트 패트릭 성당과 삭스 피프스 애버뉴<sup>Saks Fifth Avenue</sup> 백화점 앞까지 가득 메운 인파가 크리스마스트리 점등에 환호하는 바로 그 순간이 크리스마스 시즌, 긴 홀리데이의 시작이다.

세인트 패트릭 성당의 거룩한 영적 이미지와 록펠러 센터의 강렬한 자본주의적 이미지가 서로 대비되며 마치 성속<sup>聖俗</sup>이 한데 어우러지는 듯한 느낌을 준다. 뉴욕에 머문 3년 동안 연말만 되면 이곳을 지나면서 느꼈던 들뜨면서도 여유롭고 행복한 기분이 아직도 좋은 추억으로 남아 있다.

1989년에 일본 기업 ㈜미쓰비시가 록펠러 센터의 지분을 51% 매입하며 실질적 소유주로 떠올랐을 때, 온 미국이 마치 일본에 점령되기라도 한 것처럼 시끄러웠던 적이 있다. 당시 세계 2위 자본국 일본을 경계하는 미국 내 언론이 워낙 민감했던 탓도 있지만, 록펠러 센터가 미국의 자본주의를 얼마나 집약적으로 보여 주는 상징적 존재인지를 일깨워 주는 일대 해프닝이었다.

지금은 기업 간 M&A가 워낙 일상적이어서 아무런 느낌도 없지만, 당시만 해도 이런 거대 M&A를 바라보는 시각에 정치적, 심지어는 민족적 색채까지 낀 적이 많았다. 당시 어렸던 필자도 어떻게 일본이 뉴욕의 심장과 같은 빌딩을 소유할 수 있을까 의아해했던 기억이 있다. 그만큼 록펠러 센터가 미국인들에게 주는 상징성은 아주 크다.

더구나 이 거대한 맨해튼 정중앙의 상업단지가 단 한 사람 록펠러라는 개인의 기부로 처음부터 끝까지 창조되었다는 점을 떠올리면 독특하기까지 하다. 이들의 기부 문화가 아주 오래전부터 어느 정도 수준에 올라 있었는지를 가늠하게 한다. 그만큼 굴지의 재벌이었기에 가능했겠지만, 기부 정신과 의지가 없었다면 불가능한 일이다. 록펠러 개인과 가문은 흐지부지되더라도 '선(善)한 의지'라는 유산만큼은 오래도록 남을 수 있음을 보여 주는 좋은 예이다.

◆ 록펠러 센터가 개발을 시작한 1931년 최초의 크리스마스트리 모습. 앞에 세인트 패트릭 성당 출입구가 보인다. (자료: New York City, Yesterday & Today)

◆ 록펠러 센터 크리스마스트리(2017년)

뉴욕
핫플레이스의
어제와 오늘

#15

# 미국 대호황기 거부 컬렉터의 추억,
# 프릭 컬렉션

뉴욕 맨해튼 시내에는 메트로폴리탄을 비롯해 모마, 휘트니, 구겐하임 등 이름만 들어도 알 만한 많은 뮤지엄이 있다. 그런데 그중에 어디가 가장 좋았느냐고 물었을 때 항상 빠지지 않고 등장하는 뮤지엄이 한 군데 있다. 바로 프릭 컬렉션The Frick Collection이다. 센트럴 파크 우측 뉴욕 부유층 거주지로 소문난 업퍼 이스트Upper East 지역에 위치한 이 대저택 같은 뮤지엄은 마치 20세기 초로 되돌아가 미국의 부자가 사는 집을 한가로이 둘러보는 듯 아늑하고 편안한 느낌을 주는, 매우 독특한 예술 공간이다.

◆ 프릭 컬렉션 전경

프릭 컬렉션을 제대로 보려면 우선 이 컬렉션의 주인장 '헨리 클레이 프릭Henry Clay Frick, 1849~1919'에 대해 자세히 알아볼 필요가 있다. 프릭은 1849년 미국 펜실베이니아주 작은 마을에서 태어나 어릴 적 정규교육은 거의 받지 못했지만 위스키 제조공장을 했던 할아버지의 영향을 받아 사업가로서의 꿈을 키운다. 어린 시절부터 류머티즘과 만성 소화 장애라는 병을 달고 살았지만 타고난 사업 기질로 21세에 철강의 필수 재료인 제철용 코크스 회사Frick & Co를 차린다.

공장을 짓기 위한 땅은 매입했지만 코크스를 추출하기 위한 용광로는 살 돈이 없던 프릭은 1871년 당시 유명 은행이었던 멜론 은행The Mellon Bank의 소유주 멜론을 찾아가 투자자금을 유치하는 데 성공한다. 그의 예상대로 철강산업이 호황을 이루면서 불과 8년 후인 1879년 프릭은 30세의 젊은 나이에 (당시) 백만장자 반열에 오르게 된다.

프릭이 사업가로 성공하기까지는 그의 능력도 컸지만 그와 동시대를 살았던 두 명의 인물이 큰 영향을 미쳤다. 한 명은 그의 동업자이자 고용주, 친구이자 적이었던 앤드류 카네기Andrew Carnegie, 1835~1919였고 또 다른 한 명은 오늘날 거대 투자은행으로 발전한 제이피모건의 창립자이자 희대의 컬렉터 존 피어폰트 모건John Pierpont Morgan, 1837~1913이다.

먼저 앤드류 카네기를 보자. 카네기는 철강산업 독점을 위해 1882년 프릭이 운영하던 Frick Coke Company를 인수한다. 1889년 카네기는 당시 40세였던 프릭을 그의 회사 Carnegie Brothers & Co의 회

◆ 프릭 컬렉션 내부 모습. 르누아르의 〈Mother and Children〉(1875) 작품이 보인다. (자료: New York City, Yesterday & Today)

장으로 선임하는데, 프릭은 이 회사를 키워 세계 굴지의 철강회사인 카네기 철강Carnegie Steel Company으로 우뚝 서게 하는 데 큰 공을 세운다. 그러나 회사를 키우기 위해 불가피했던 많은 인수합병M&A 과정에서 프릭은 실질적 소유주 카네기와 자주 충돌했고, 1900년에는 급기야 카네기가 프릭을 해고하는 사태에까지 이른다.

당시 프릭은 카네기 철강의 지분 중 6분의 1을 가지고 있었는데, 카네기는 이를 당시 시가時價에 훨씬 못 미치는 장부가帳簿價로 청산하도록 강요한다. 이를 거부한 프릭과 카네기 간 분쟁이 계속되었지만 결국 프

◆ 최근 프릭 컬렉션 입구 모습

릭이 당시 1,500만 달러를 받고 회장직에서 물러나는 것으로 마무리된다. 이 때문에 이후 죽을 때까지 프릭과 카네기는 서로 말을 섞지 않았다고 한다. 공교롭게도 둘은 같은 해[1919]에 생을 마감한다.

프릭의 면모를 추정할 수 있는 또 한 가지 사건이 있다. 19세기 말 극심했던 노조 파업이 카네기 철강에도 예외일 수 없었는데, 1892년 프릭은 러시아 아나키스트가 쏜 총 두 발을 목에 맞고 쓰러진다. 천운이 따랐는지 프릭은 큰 부상 없이 회복된다. 과격 노조도 노조였지만 프릭이 얼마나 냉정한 자본가였는지를 짐작하게 하는 대목이다.

◆ 헨리 클레이 프릭 초상화

다음으로 존 피어폰트 모건과의 인연을 살펴보자. 프릭이 회장직을 물러난 지 정확히 16개월 만에 카네기 철강은 당시 모건이 운영하던 미국 철강US Steel Corporation에 인수된다. 이 거대한 철강 연합이 구성된 후 프릭은 명성과 실력을 인정받아 연합의 이사로 선임되는데, 생을 마감할 때까지 이사회 멤버로 활동한다. 결국 카네기에게 거의 해고당하다시피 했지만 카네기 철강을 인수한 회사의 이사로 화려하게 컴백해 생을 마감하게 된 것이니, 프릭 개인적으로는 매우 성공적인 말년이었다고 할 만하다.

이제 예술품 컬렉터로서 프릭의 인생을 짚어 보자. 젊어서부터 거부의 반열에 오른 프릭은 일찍이 예술품 수집에 관심을 가지고 꾸준히 예술품을 매집한다. 특히 런던의 유명 박물관 월리스 컬렉션Wallace Collection을 방문하고 나서부터는 자신도 미국 시민을 위한 종합 아트센터를 설립하여 이를 대중에게 환원하고 싶다는 꿈을 꾸게 된다. 당시 유럽은 왕정이 붕괴하고 공화정이 들어서는 대혁명기였기 때문에 왕족들이 소유했던 엄청난 예술품들이 경매시장에 헐값 매물로 쏟아졌고, 월리스 컬렉션도 이런 예술품들을 사들인 대표적인 컬렉션이었다.

컬렉터로서의 꿈을 안고 프릭은 1914년 지금의 프릭 컬렉션이 위치한 5번 애버뉴 70번 스트리트에 자신의 맨션을 건축한다. 사실 프릭 컬렉션, 즉 프릭이 살았던 맨션은 그 자체로도 미국의 대호황기Gilded Age 유럽의 귀족을 흉내 내며 살았던 미국 거부들의 삶을 보여 주는 훌륭한 예술품이다. 이 건물 자체가 예술품이라는 느낌은 이곳을 방문해 보면 누구나 공감할 수 있다.

　여기서 놓치지 말아야 할 결정적인 사건이 하나 있는데, 그건 바로 1913년 존 피어폰트 모건이 세상을 떠나면서 프릭과 그의 인연이 다시 한 번 이어지는 순간이다. 당시 모건의 수집품들이 뉴욕 메트로폴리탄 뮤지엄에 매각될 것이란 소문이 무성했지만, 예상을 깨고 많은 수집품이 뉴욕 경매시장으로 쏟아져 나온 것이다.

　프릭은 그때까지 예술품을 사들이긴 했지만 19세기 영국 회화 등 일부 시대에 한정되어 편협했던 자신의 컬렉션을 단숨에 업그레이드시킬 수 있는 이 절호의 기회를 놓치지 않았다. 만약 이때 모건의 수집품들이 프릭의 수중에 들어올 수 없었다면 지금처럼 프릭 컬렉션이 높게 평가받지는 못했을 것이다.

　프릭 컬렉션은 9세기부터 19세기까지 약 1,500점 이상의 작품들을 보유하고 있는 것으로 알려져 있다. 전 세계에 36점밖에 남아 있지 않은 것으로 추정되는 베르메르Johannes Vermeer, 1632~1675를 필두로 벨리니Bellini, 홀바인Holbein, 르누아르Renoir, 게인즈버러Gainsborough, 터너Turner, 렘브란트Rembrandt 등 회화와 17세기 조각, 18세기 가구, 도자기 등 다양한 작품들이 전시되어 있다. 가치를 이루 헤아릴 수 없는 작품들이 많아 어느 것만 골라 소개하기 어렵지만, 일반적으로 프릭 컬렉션 최고의 작품으로 평가받고 있고 개인적으로 좋았던 마스터피스 Masterpiece 몇 점만 소개해 보려 한다.

우선 베르메르 Johannes Vermeer, 1632~1675의 작품이다. 램브란트 Rembrandt, 할스 Hals와 더불어 네덜란드의 3대 거장으로 꼽히는 그는 워낙 소작少作인 데다 간결하면서도 순수한 빛 처리가 탁월해 현대미술 관점에서도 재조명되고 있는 전설적 화가이다. 웨스트 갤러리에 그의 작품 세 점이 전시되어 있다. 〈장교와 웃는 소녀 Officer and Laughing Girl〉 1657, 〈연주를 중단한 소녀 Girl Interrupted at Her Music〉1658~1659, 〈여주인과 하녀 Mistress and Maid〉1666~1667 등이 그들이다.

명암 처리는 램브란트가 최고라고 하지만 베르메르의 빛 처리는 이와 또 다르다. 한번 보면 잊히지 않는 묘한 매력이 있는데, 예를 들어 〈여주인과 하녀〉에서 하녀가 어두움 속에서 희미한 불빛에 반사되는 편지를 읽는 장면을 보면 그 간결한 사실감에 매혹되지 않을 수 없다. 〈장교와 웃는 소녀〉에서도 창가로 흘러들어 오는 밝은 빛을 머금고 웃음 짓는 여인의 모습을 한번 보면 잘 잊히지 않는다.

다음은 노스 North 홀에 있는 앵그르 Jean-Auguste-Dominique Ingres, 1780~1867의 여인 초상화 〈오송빌 백작부인 Comtesse d'Haussonville〉이다. 화가를 바라보며 무언가 생각에 잠긴 듯 뺨에 한 손을 포개어 자세를 취한 백작부인의 모습은 마치 실제 그 여인이 그 자리에 머무는 듯 생동

◆ West 갤러리에 있는 베르메르의 작품 〈장교와 웃는 소녀(Officer and Laughing Girl)〉(1657)

◆ North 홀에 있는 Jean-Auguste-Dominique Ingres(1780~1867)의 여인 초상화 〈오송빌 백작부인(Comtesse d'Haussonville)〉

감이 넘친다. 뒤편의 거울에 비치는 그녀의 뒷모습도 사실감을 더해 준다. 푸른색 드레스 자락 하나하나도 정숙하면서도 무언가 재능을 감춘 듯 생기 있게 묘사되어 있다. 실제 프릭 컬렉션에는 많은 여인 초상화가 있는데, 프릭이 특히 19세기 여인 초상화를 좋아해서 집중적으로 매입했다는 설도 있다.

마지막으로 꼭 소개하고 싶은 작품은 리빙Living 홀에 있는 15세기 화가 벨리니Giovanni Bellini, 1430~1516의 〈사막의 성 프란체스코St. Francis in the Desert〉1480이다. 성 프란체스코가 사막 한가운데 암굴에서 깨달음을 얻고 밖으로 나와 하느님을 경배하는 모습을 그린 작품인데, 개인적으로 이 작품을 보고 큰 충격을 받았었다. 뭐랄까. 내 안에 있던 답답한 무언가가 한꺼번에 터져 나오는 듯한 시원함. 절대자를 맞아들이는 인간의 겸허함이 형언할 수 없는 기쁨으로 승화되는 느낌을 받았었다. 그림을 보면서 이런 느낌을 받은 경험은 이때가 처음이었고 그 후로도 별로 없었다.


프릭은 말년에 새벽에 홀로 컬렉션을 돌아보며 그림과 대화하는 것이 취미였다고 한다. 많은 것을 이룬 사람도 결국엔 기부와 나누어 줌, 그리고 예술이 종착역이라는 점을 보여 준다. 뉴욕을 방문했을 때 프릭 컬렉션을 통해 옛날 대호황기 어느 미국 부자의 삶이 어떻게 대중에게 나누어지고 있는지를 보고 느낀다면 의미가 있을 것 같다.

◆ Living 홀에 있는 벨리니(Giovanni Bellini, 1430~1516)의 〈사막의 성 프란체스코(St. Francis in the Desert)〉

# #16

# 월 스트리트의 역사를 한눈에,
# 더 모건 라이브러리 & 뮤지엄

뉴욕을 방문하는 관광객이라면 누구나 한 번쯤 반드시 찾아보는 장소가 있다. 바로 다운타운 월 스트리트이다. 뉴욕증권거래소, 뉴욕 연방준비은행 등 지금의 미국을 있게 해 준 자본주의의 역사가 고스란히 남아 있는 곳. 월 스트리트의 상징이라 할 수 있는 '돌진하는 황소상Charging Bull' 주변에는 늘 인생 사진 한 컷을 찍으려는 사람들로 발 디딜 틈이 없다.

　그런데 여기서 한 가지 던져 보아야 할 질문이 있다. 월 스트리트의 진정한 주인들, 그 오랜 세월 미국 자본주의를 지탱해 온 거대 은행들은 지금 다 어디에 있는가 하는 의문이다. 뉴욕멜론은행BNY Mellon, 골드만삭스Goldman Sachs 등 소수 은행을 제외하곤 월 스트리트에 남아 있는 은행은 거의 없다. 특히 9·11 테러 이후엔 대부분 은행이 아예 북쪽으로 자리를 옮겨 버렸다. 따라서 지금 뉴욕 금융시장을 움직이는 중심가는 월 스트리트가 아니라 미드타운 은행가라고 보는 게 맞을 것 같고, 그 가운데에 거대 은행 제이피 모건JP Morgan이 있다.

개인적으로 뉴욕을 방문하는 사람에게 미국 자본주의의 역사를 볼수 있는 월 스트리트 방문도 권하고 싶지만, 더 추천하고 싶은 장소는 바로 '더 모건 라이브러리 & 뮤지엄The Morgan Library & Museum'이다. 엠파이어 스테이트 빌딩 부근 메디슨 애버뉴 35번가에 위치한 이 건물은 투자은행 제이피 모건의 창립자 존 피어폰트 모건John Pierpont Morgan, 1837-1913이 살았던 대저택을 개조한 뮤지엄으로, 금융 거부이자 예술품 컬렉터였던 그가 평생 수집한 고서·회화·조각 등이 빼곡히 전시되어 있는 서재박물관이다.

이곳을 추천하는 이유는 예술품 감상도 감상이지만 그가 살았던 인생이 곧 미국 자본주의, 투자은행의 역사로서 이를 통해 월 스트리트의 역사를 더 깊이 있게 체험할 수 있기 때문이다. 따라서 월 스트리트를 돌며 사진 찍는 것보다 훨씬 가까이서 월 스트리트의 숨결을 느낄 수 있는, 매우 독특하면서도 소중한 공간이라 할 만하다.

모건 라이브러리 & 뮤지엄의 대표 컬렉션들을 둘러보기에 앞서 주인장인 존 피어폰트 모건의 생애를 잠시 살펴보는 것이 좋을 것 같다. 모건은 1837년 미국 코네티컷주의 부유한 은행가 집안에서 태어났다. 영국 상업은행George Peabody & Co의 파트너로 일했던 부친을 따라 청소년기 유럽에서 생활했던 경험이 후에 그의 사업가적·예술 애호가적 기질을 키우는 데 크게 영향을 미친 것으로 알려져 있다.

미국으로 돌아오자마자 금융업에 뛰어들어 24세의 나이에 부친이 일했던 은행George Peabody & Co의 미국 지사장으로 인터내셔널 뱅킹 사업을 키우고, 당시 거대 인터내셔널 뱅킹 그룹이었던 Drexels of Philadelphia의 파트너로 일하며 막대한 부를 축적한다. 모건은 미래를 예측하는 선지적인 시야와 불도저 같은 추진력으로 유명한데, 당시 세상에 첫선을 보였던 철도사업이 미래의 원동력이 될 것을 직감하고 가능한 한 많은 철도노선을 독점하여 막대한 부를 이룬 것이 좋은 예이다.

그는 이어 철강 사업에도 뛰어드는데 1901년 카네기 철강Carnegie Steel을 인수하여 최대 철강 연합인 미국 철강US Steel을 설립한다. 주식시장 붕괴 및 은행 연쇄 도산이 금융시장 패닉을 가져왔던 1907년 공황을 극복하는 데에도 그의 리더십이 큰 역할을 하였으며, 당시 시어도어 루스벨트Theodore Roosevelt 정부의 파나마운하 매입비용을 조달하는 데에도 기여하였다. 토마스 에디슨의 축음기가 세상에 나오기까지 금융 지원을 아끼지 않았으며, 심지어는 영국 정부가 보어전쟁Boer War을 치르는 데 일부 자금을 지원하기도 하였다.

모건은 1913년, 파란만장했던 생애를 마감한다. 이 불세출의 금융 거부가 죽자 그의 수많은 예술품이 과연 어디로 갈지 세간의 관심이 쏠렸는데, 불행히도 예술에 그다지 조예가 깊지 않았던 그의 아들J. P. Morgan, Jr은 컬렉션의 절반 이상(5분의 3)을 세금과 부채 상환을 위해 시장에 내다 판다.(앞서 프릭 컬렉션 편에서도 잠시 언급되었다)

그나마 나머지가 메트로폴리탄 뮤지엄에 기증되어 지금까지 대중에 공개되고 있고, 그의 경쟁자 프릭Henry Clay Frick이 경매시장에서 일부 예술품들을 사들여 지금도 프릭 컬렉션에서 만나 볼 수 있다는 점은 다행이라 하겠다. 이렇게 거의 다 처분되고 가까스로 살아남은 컬렉션들이 바로 지금의 모건 라이브러리 & 뮤지엄에 있는 예술품들로, 모건이 매입했던 처음부터 현재까지 오롯이 같은 자리를 지키고 있는 매우 유서 깊은 컬렉션이라 할 수 있다.

◆ 존 피어폰트 모건
(자료: New York City, Yesterday & Today)

◆ 더 모건 라이브러리 & 뮤지엄 내부 서재
(자료: New York City, Yesterday & Today)

그럼 이제 모건 라이브러리 & 뮤지엄의 대표 컬렉션들을 간단히 살펴보자. 우선 모건 라이브러리 & 뮤지엄은 1902~1906년 당시 유명 건축가 찰스 머킴Charles McKim이 르네상스 양식으로 지은 건물이다. 남북전쟁 이후 대번영기Gilded Age 미국의 거부들이 유럽의 귀족을 흉내 내어 지은 대저택으로서의 역사적 의미도 크지만, 예를 들어 대리석과 모자이크 패널로 장식된 원형 홀Rotunda처럼 르네상스 양식으로 건축된 아름다운 인테리어들을 건물 곳곳에서 발견할 수 있을 만큼 예술적 의미도 크다. 원형 홀은 르네상스 시기 이탈리아 화가 라파엘로의 작품 〈서명의 방Stanza della Segnatura〉을 모방하여 만들어진 것으로 알려져 있다.

모간 라이브러리 뮤지엄의 대표 전시실은 메인 도서관 이스트룸East Room이다. 이곳에 대표 컬렉션들을 매년 6회 정도 돌아가며 전시하는데, 그중엔 구텐베르크 성경 초판(전 세계 남아 있는 50권 중 3권), 1789년 조지 워싱턴의 추수감사절 선언문, 독립선언서 사본(22개 중 하나) 등이 있다. 3층으로 빼곡하게 쌓여 있는 책들은 눈으로만 볼 수 있게 철망으로 막아 놓았는데, 헤아릴 수 없이 많은 고서와 희귀본이 전시되어 있다.

희귀본 중에는 19세기 영국 작가 윌리엄 새커리William Thackeray, 1811~1863의 친필 소설, 찰스 디킨스Charles Dickens, 1812~1870의 『크리스마스 캐럴』 초본, 키츠John Keats, 1795~1821의 시 엔디미온 「Endymion」 초본

등이 있다. 또한 그가 1902년 손에 넣은 700권의 고서집(15세기 이전)이 있는데 그 가치는 값으로 환산할 수 없을 정도라고 한다.

한편 모건이 서재Study로 활용했던 웨스트룸West Room은 붉은색 비단과 벨벳, 카펫으로 장식되어 있는데, 어두우면서도 우아하고 차분하며 편안한 느낌을 주는 공간이다. 모건의 큰 자화상이 서재를 내려다보고 있고, 그가 앉았던 오래된 마호가니 책상과 의자는 세월이 흐름을 잊은 듯 오랜 세월 같은 자리를 지키고 있다. 실제 이 서재에서 국가의 중대 사항을 결정하기 위해 모건과 월 스트리트 거물, 정부 인사 간 비밀 회동이 자주 있었다고 하니 역사적으로 더욱 의미 있는 공간이기도 하다.

존 피어폰트 모건은 오래전 세상을 떠났지만 그가 남긴 은행 제이피 모건이 미국 경제에서 차지하는 위상은 예나 지금이나 별 차이 없이 막강하다. 갑자기 거대 투자은행이 맥없이 파산하고 경제 전체가 걷잡을 수 없는 도산 위기에 휩싸였던 금융위기 때도 제이피 모건만은 거의 유일하게 믿을 수 있는 은행으로 평가받았었다. 그만큼 리스크 관리에 철저했다는 의미이다.

정부를 도와 금융위기 때 구원투수 역할을 수행했던 기관이 제이피 모건이었고, 당시 이 웨스트룸과 비슷한 공간에서 위기 타개책 마련을 위한 비밀 회동이 여러 차례 있었던 것으로 알려져 있다. 거의 100년을 사이에 두고 같은 기관이 비슷한 역할(위기 소방수)을 했다는 게 재미있기도 하지만, 그만큼 월 스트리트의 역사와 전통이 비슷하게 흘러가고 있다는 걸 느끼게 하는 역사의 한 단면이기도 하다.

◆ 웨스트룸

◆ 이스트룸
(자료: New York City, Yesterday & Today)

# #17

# 다이버시티 뉴욕의 두 뿌리, 아프리칸 아메리칸과 유대인

뉴요커 10명 중 6명은 최소한 부모 한쪽이 외국인
이라는 통계가 있다. 그만큼 뉴욕이 다인종 · 다민족 · 다국적 사회
라는 이야기인데, 이러한 다양성이야말로 뉴욕을 미국의 대도시 가운
데 하나로 보면서도 한편으로는 미국과는 또 다른 매우 독특한, 이질
적인 도시로 바라보는 이유이기도 하다.

　뉴욕을 이루는 다양한 커뮤니티 가운데 최근 히스패닉이나 아시아
계의 비중이 높아지고 있긴 하지만, 그래도 전통적인 외국인 그룹의
주류는 역시 아프리칸 아메리칸African American과 유대인Jews 커뮤니티
로 보아야 하지 않을까 싶다. 이에 이 두 그룹이 어떻게 뉴욕에 정착하
여 어떤 경로로 세를 불려 왔는지를 살펴보는 것도 지금의 뉴욕을 이
해하는 데 좋은 팁이 될 수 있다고 생각한다. 한번 그 다양성의 기원
을 따라가 보기로 하자.


　먼저 아프리칸 아메리칸 커뮤니티다. 이들 그룹을 지역으로 한마디
로 표현하면 '할렘Harlem'으로 대변한다. 지금은 흑인 거주지의 대명사

가 되어 버린 할렘이지만 19세기 한때는 백인 귀족들이 모여 사는 고급 거주지였다. 맨해튼 할렘이 흑인들의 밀집 거주지로 부상한 배경에는 주류 세력인 백인 커뮤니티의 차별적 탄압과 폭동이 늘 자리하고 있었다. 다시 말해, 할렘은 이렇게 쫓겨날 수밖에 없었던 흑인들의 피동적 집단 이주의 결과물이었다.

맨해튼 내 최초의 흑인 거주지는 원래 다운타운 지역이었다. 다른 외국 이민들과 마찬가지로 흑인들도 선박이 닿기 쉬운 맨해튼 남동쪽, 지금의 로어 이스트Lower East 지역에서 거주가 시작되었다. 그러나 경제적 이익 등을 찾아 자연스럽게 맨해튼 북쪽으로 이주했던 다른 이주민들과는 달리, 흑인들은 백인 또는 먼저 자리 잡은 외국인들에 쫓겨 어쩔 수 없이 북상했다는 점이 달랐다. 당시 뉴욕에 몰렸던 흑인들은 대부분 버지니아나 캐롤라이나, 즉 노예제의 흔적이 뚜렷했던 남부에서 자유를 찾아 흘러들어 온 경우가 대부분이었고, 그러다 보니 당연히 거주 기반이 없는 최하층 거주민인 경우가 많았다.

주류 백인들의 몰아내기식 탄압에 못 이겨 점차 북상하게 된 절대적 약자 흑인들은 처음에는 지금의 미드타운 지역에 둥지를 튼다. 최초의 대규모 흑인 주거 구역으로 유명해진 곳은 소위 '블랙 보헤미아Black Bohemia'라고 불렸던 미드타운 53번 스트리트 서쪽이었다. 이 지역은 당시 뮤지컬과 쇼비즈니스가 성행하던 유흥 구역이었는데 선천적으로 리듬과 춤, 음악적 역량이 뛰어난 흑인들이 무대를 장악하게 되었고, 그러다 보니 자연스레 흑인 밀집 거주지로 부상하게 된 것이다.

그러나 당시 맨해튼 서쪽 지역을 장악했던 아이리시Irish 이민들이 흑인들의 이주에 집단 반발하면서 양자 간 갈등이 극에 달하는데, 급기야 1900년 8월에는 이들 간 반목이 폭발하며 인종 폭동이 일어난다. 결국 두 그룹 중 하나, 즉 늦게 들어온 흑인들이 쫓겨나게 되었고, 이렇게 밀려난 흑인들이 새로이 둥지를 튼 곳이 센트럴 파크 북쪽, 지금의 할렘 지역이다.

◆ 1900년 맨해튼 로어 이스트 지역(헤스터 스트리트) 모습
(자료: The Historical Atlas of New York City)

◆ 1930년 할렘 인구분포(보라색이
아프리칸 아메리칸 거주지역)
(자료: The Historical Atlas of New
York City)

그런데 여기서 궁금한 점이 한 가지 있다. 그렇게 쫓기고 밀리던 흑
인들이 어떻게 할렘 지역에서 만큼은 무리 없이 정착할 수 있었을까?
앞서 언급했던 것처럼 할렘은 백인들의 고급 거주지이기도 했다는데,
어떻게 흑인들이 이곳에서 세를 불리며 안전하게 자리 잡은 것일까?

다른 지역과 마찬가지로 처음엔 할렘에서도 흑인 배척이 심했다. 그
런데 누구도 예측하지 못했던 일대 반전反轉이 일어난다. 당시 처음 발
명되어 노선이 막 확장되기 시작했던 철도가 이 지역에 들어서면서

철로 확보를 위한 경쟁이 치열해졌고, 마침내 한 철도회사Pennsylvania Railroad Company가 이 지역을 매입하게 된 것이다. 그때까지 아무것도 가진 것 없던 흑인 거주민들은 갑자기 거금(당시 5십만 달러 상당)을 손에 넣게 되었고, 이를 기반으로 임대아파트가 들어서고 일자리가 늘어나면서 흑인 인구도 빠르게 팽창하게 된 것이다.

물론 이들의 소득 수준도 급격히 높아진다. 할렘의 흑인 인구는 1900년대 들어 급증하여 1930년대에는 이미 흑인들이 할렘 지역을 대부분 장악하게 된다. 아울러 1909년엔 유색인종을 위한 전국연합National Association for the Advancement of Colored People이 창설되는 등 이들의 정치적 영향력도 따라서 확대된다.


당시 할렘의 인구, 경제, 정치적 팽창 외에 눈여겨봐야 할 또 한 가지 특징이 있었다. 그건 바로 예술적 분야에서 흑인 커뮤니티의 활약이 두드러졌다는 점이다. 당시 첫선을 보인 재즈Jazz라는 음악 장르의 기원은 잘 알려진 것처럼 미국 남부 뉴올리언스 지방이었다.

그러나 정작 재즈가 가장 번성했던 곳은 뉴욕이었다. 특히 당시 흑인 거주지로 급팽창하던 할렘이 재즈의 전성기를 이끌었는데, 소위 재즈의 황금기라 불리는 20세기 초반, 전설적인 뮤지션 빌리 홀리데이Billie Holiday, 1915~1959, 루이 암스트롱Louis Armstrong, 1901~1971, 듀크 엘링턴Duke Ellington, 1899~1974 등이 이 당시 할렘에서 무대를 누빈 재즈 아티스트들이다.

당시 할렘 재즈의 중심 무대는 코튼클럽<sup>Cotton Club</sup>이라는 바<sup>Bar</sup>였는데, 주로 백인 관람객들이 흑인 아티스트들의 재즈 공연을 즐겼다. 재즈의 공급자는 흑인이었지만 수요자는 백인이었던 셈인데, 그렇다면 재즈는 누구의 음악일까? 답을 내리기가 만만치 않은 주제이기도 하다.

◆ 1930년대 할렘, 빌리 홀리데이 공연 모습
(자료: The Historical Atlas of New York City)

◆ 1920년대 할렘, 루이 암스트롱(뒷줄 트럼펫 연주자) 공연 모습
(자료: The Historical Atlas of New York City)

다음은 뉴욕에 거주하는 유대인Jews 커뮤니티의 기원을 살펴보자. 지금은 브루클린, 퀸스 등 뉴욕 도처에 유대인들이 흩어져 생활하지만, 19세기 유대인 최초의 커뮤니티는 역시 다운타운 로어 이스트 지역이었다. 1880년부터 1920년 사이에 약 2백만 명의 유대인들이 러시아, 폴란드, 오스트리아-헝가리, 발칸반도 등지에서 유입되었다고 하는데 대부분 맨해튼의 관문이랄 수 있는 로어 이스트 지역, 헤스터 스트리트Hester Street 부근에 정착해 살았다.

이들은 대부분 허름한 단층 임대주택에 모여 살았는데, 이민으로 소득이 적은 데다 워낙 좁은 지역에 많은 인구가 모여 살다 보니 생활 형편이나 위생 수준 등이 형편없이 낮았다. 그럼에도 불구하고 유대인 커뮤니티는 깊은 신앙과 교육열, 끈끈한 단합력 등 다른 이민들과 차별화되는 그들만의 장점을 기반으로 점점 세를 불려 나간다. 특히 유대인 특유의 상업 정신으로 레스토랑, 카페, 부동산, 의류 등 다양한 업종으로의 진출이 활발해지면서 경제적 생활 수준도 점점 향상되었는데, 미국 사회에 동화同化되려는 이들 커뮤니티의 열망도 따라서 높아져 간다.

미국 시민으로 인정받기 위해서는 경제력은 물론 교육, 영어 등 자질 향상이 필요하다는 인식하에 낮에는 상업 활동에 종사하고 밤에는 공부하는 생활 패턴이 커뮤니티 내에 확산되었다. 결국 로어 이스트 지역의 주택 개혁, 공공 의료 및 교육시설 확충 등이 이어지면서 이들의 미국 시민층 편입은 빠르면서도 조용하고 자연스럽게 진행된다.

아프리칸 아메리칸과 유대인, 이 두 커뮤니티는 워낙 기원이 오래된 탓도 있지만, 외국인이라고 표현하는 게 어색할 만큼 이미 오래전에 미국화에 성공한 이민그룹이다. 1·2차 세계대전을 겪으며 일찍이 대거 유입되었던 아이리시나 독일계, 이탈리아계 등 유럽 이민들과 비슷하며, 그냥 뉴요커로 보아도 전혀 이상하지 않다.

  이들에 비해 비교적 뒤늦게 미국 사회에 편입한 히스패닉이나 아시아계와는 주류층과 겪은 갈등의 역사나 부침, 사회 기여 등 여러 면에서 차이가 있다. 세대가 계속 이어지면서 미국 시민으로서의 권리나 의무에 대한 자각이 높아져 상당 부분 주류에 편입되었다고 보는 시각도

◆ 미드타운에 있는 유명 재즈클럽 Bird Land 내 공연 모습

많다. 그래도 뉴욕에 살다 보면 이들 거대 이주민 커뮤니티가 여전히 독자적인 삶의 방식을 고수하며 살아가고 있음을 느끼게 된다.

피상적으로만 보아도 할렘은 역시 흑인들이 절대다수인 흑인 천국이며, 로어 이스트 또는 브루클린 쪽 유대인 커뮤니티에서는 검은 정장에 길게 늘어뜨린 머리, 독특한 모자로 복장이 통일된 유대인들이 길을 걷는 모습을 아주 흔하게 볼 수 있다. 미국 시민이지만 자신들만의 뿌리는 잃지 않는 수많은 외국인이 지금의 뉴욕을 이루고 있다. 이것이 전 세계에서 가장 다양한, 다이버시티 뉴욕의 특색이다.

◆ NYU 근처에 있는 유명 재즈클럽 Smalls Jazz Club 내 공연 모습

뉴욕
핫플레이스의
어제와오늘

# 18

# 뉴욕 맨해튼을 관통하는 건축양식, 보자르

건축이나 미학美學을 전공하거나 이 분야에 특별히 관심을 가지는 사람이라면 모를까, 뉴욕의 건축물들과 관련해 대다수 일반인이 발견하기 어려운 비밀이 하나 있다. 필자도 뉴욕에 살았어도 전혀 알아채지 못했다. 다만 왠지 비슷하다는 느낌 정도만 받았을까?

　그 비밀이란 건 바로 이들 건축물에 거의 일관되게 흐르는 특징이 하나 있다는 것이다. 그 특징이란 다름 아닌 오래된 건물들의 건축양식이 거의 같다는 것이다. 이 말을 들으면 아마도 공감하는 독자들이 많을 것이다. 어쩐지 뉴욕에서 오래전 지어졌다고 하는 건물들의 느낌이 하나같이 비슷했는데, 건축양식이 같아서 그랬던 거구나 하고 수긍하는 독자들이 많으리라 생각한다.

　뉴욕을 관통하는 이 건축양식은 다름 아닌 19세기 초 유럽에서 유행했던 예술 사조, 보자르Beaux Arts 양식이다. 보자르는 우리가 이름만 들어도 알 수 있는 예술 사조는 아니다. 말 그대로 19세기 한때 유행했던 스타일이고 20세기 들어 디자인과 공예, 건축 등에 예술과 기술을 혼합한 바우하우스Bauhaus 양식이 대세가 되면서 거의 흔적도 없이 사라진 양식이다.

프랑스어로 '예술'을 뜻하는 보자르 Beaux Arts 양식은 19세기 프랑스 파리의 종합예술학교 '에콜 드 보자르École des Beaux-Arts'를 중심으로 유행했던 예술 사조여서 붙여진 이름이다. 과거 그리스·로마 시대의 미술과 건축을 이상향으로 보고 이를 추종했던 매우 보수적이고도 고전주의적인 유럽의 예술 패턴을 말한다. 고딕, 바로크, 로코코 양식을 중시하고 실용적 기능보다는 예술적 미美나 완결성 등을 강조한다. 겉모습을 보았을 때 아주 고전적이라는 느낌이 들면 일단은 보자르 양식이구나 하고 추측해도 크게 무리가 없을 것 같다.

보자르 양식은 과거의 전통을 강조하면서 과거를 현재에 덧입히는 일종의 절충주의eclecticism라 할 수 있는데, 어떤 지역의 특색을 강조하는 로컬 양식이라기보다는 일반적이고도 범세계적인 보편 양식으로 이해할 수 있다. 따라서 보자르 양식으로 지어진 건축물들은 웅장하고 화려하며 대중적인 미美를 느낄 수 있다는 점에서 대체로 비슷한 느낌을 주는데, 맨해튼의 오래된 건물들이 주는 느낌이 딱 그렇다.

뉴욕 맨해튼에 보자르 양식이 널리 퍼진 건 맨해튼의 주요 건축물들이 설계되고 건축된 1880년부터 1930년까지 당시 미국의 젊은 건축가들이 집중적으로 교육을 받았던 건축학교가 바로 프랑스 파리의 '에콜 드 보자르'였기 때문이다. 다시 말해 유럽에서 한때 유행했던 예술 사조가 막상 꽃을 피운 장소가 유럽이 아닌 미국 뉴욕이었던 셈인데, 이 사실만 보아도 19세기 미국인들이 얼마나 유럽 바라기를 했었는지 짐작할 수 있다.

◆ 1930년대 그랜드 센트럴 터미널
(자료: New York City, Yesterday
& Today)

◆ 최근 그랜드 센트럴 터미널 내
부 모습

뉴욕 맨해튼에서 보자르 양식은 주로 도서관, 학교, 기념비, 철도 역사 등 공공건물들에 적용되었다. 가장 대표적인 건물로는 미드타운 42번 스트리트와 파크 애버뉴 사이에 위치한 대표 철도역 '그랜드 센트럴 터미널Grand Central Terminal', 브라이언 파크Bryant Park 옆 5번가에 위치한 '뉴욕 공공도서관New York Public Library' 등이 있다.

특히 5번가 위쪽 센트럴 파크 우측의 부촌富村 어퍼 이스트Upper East 지역에 보자르 양식 건물이 많은데, 우리가 잘 아는 메트로폴리탄 뮤지엄, 프릭 컬렉션, 유대인 박물관, 쿠퍼 휴이트Cooper Hewitt 뮤지엄(과거 철강왕 카네기가 살았던 집) 등 오래된 박물관들은 거의 보자르 양식으로 지어졌다고 보면 된다. 이 밖에도 모건 라이브러리 & 뮤지엄(J. P. Morgan의 창업자 J. Pierpont Morgan이 살았던 집), 뉴욕대 부근의 워싱턴 스퀘어 메모리얼 아치Washington Square Memorial Arch, 컬럼비아 대학 내 일부 오래된 건물들도 모두 보자르 양식 건물이다.

그러면 여기서 뉴욕의 보자르 양식 건물 가운데 대표 격이라 할 수 있는 그랜드 센트럴 터미널에 대해 좀 더 자세히 살펴보자. 뉴욕을 처음 방문하는 사람들에게 처음 보는 곳을 들라고 하면 공항으로는 존 에프 케네디 공항, 기차역으로는 펜 스테이션Penn Station 또는 그랜드 센트럴 터미널을 꼽을 것이다. 이 세 곳 가운데 가장 아름답고 웅장하게 느껴지는 건물이 그랜드 센트럴 터미널인데, 화려한 석조건물 외관과 비현실적으로 높고 드넓은 내부 홀, 약간 어두운 조명 아래 내려놓은 거대한 성조기 등을 보고 있노라면 여기가 미국의 대표 역사驛舍가 맞는구나 하는 생각이 절로 든다.

그랜드 센트럴 터미널의 유래는 증기선 사업가이자 철도왕 밴더빌트 Vanderbilt, Cornelius, 1794~1877가 살았던 19세기 말로 거슬러 올라간다. 당시 미국의 증기선과 철도 운행을 거의 독점하고 있었던 밴더빌트는 1871년 맨해튼 동쪽까지 철도 노선을 늘리기 위해 뉴욕 미드타운 한복판에 철도역을 하나 짓는다. 이 건물이 현재 그랜드 센트럴 터미널의 전신인 그랜드 센트럴 데포Grand Central Depot다.

20세기 들어 전기철도가 대량 보급되면서 뉴욕 내에도 철도 노선이 급격히 늘어나자, 대규모 철도 역사의 건축이 절실해졌다. 이에 따라 1913년에는 마침내 기존의 작은 그랜드 센트럴 데포를 허물고, 지하에 복합 트랙이 교차하는 거대 철도 역사가 들어서게 된다. 이 건물이 지금의 그랜드 센트럴 터미널이다.

이 오래된 대형 역사는 지하에는 철도와 지하철 트랙이, 지상에는 자동차와 보행 연결로가 복합적으로 연결된 종합터미널로 지금도 큰 무리 없이 매우 효율적으로 이용되고 있는데, 기능적 우수성도 인상적이지만 더 인상적인 건 역시 고풍스럽고 웅장하며 독특한 느낌을 주는 아름다운 건물 외관, 즉 보자르 양식의 외관이다.

처음 그랜드 센트럴 역사 안에 들어서는 방문객이라면 누구나 놀라지 않을 수 없을 만큼 역사가 아주 높은데, 천장을 올려다보면 마치 광활한 밤하늘 아래 서 있는 듯한 느낌을 받는다. 실제 벽면의 높이가 자그마치 19.4미터(64피트)에 이르는 아치형 윈도라고 하니 단층으로 지어 이렇게 높은 층고는 지금으로선 상상하기 어려운 높이다. '지중해의 겨울밤Mediterranean Winter's Night'이라 불리는 역사 내부 홀 천장에는 2,500개의 별 조각이 수놓아져 있는데, 그래서인지 내부는 늘 밤인 것처럼 조명이 어둡다.

◆ 그랜드 센트럴 터미널 내부 홀
(자료: New York City, Yesterday & Today)

밖에서 역사 외관을 잘 살펴보면 42번 스트리트 쪽 입구 위쪽에 4미터 높이의 시계가 보인다. 시계는 머큐리, 헤라클레스, 미네르바와 미국을 상징하는 독수리 조각이 에워싸고 있는데, 이처럼 복고풍의 화려한 디테일들이 바로 보자르 양식 고유의 특징이다. 뉴욕을 둘러보면서 어느 건물이 보자르 양식인지, 혹은 새로 지어진 현대 양식인지를 살펴보는 것도 역사적 이해와 재미를 곁들인 흥미로운 관광 포인트가 될 수 있다.

◆ 그랜드 센트럴 외부 시
계탑
(자료: New York City,
Yesterday & Today)

# #19

## 따뜻한 봄날의 화려한 추억,
## 브루클린 보타닉 가든

처음 뉴욕사무소로 발령받았던 계절이 2월, 겨울이 한창이었던 때라 도착 첫날 존 에프 케네디 공항에는 눈이 내리고 있었다. 가족과 떨어져 단신으로 부임했던 터라 처음엔 모든 것이 낯설고 외롭기만 했는데, 약 두 달쯤 지났을까. 뉴욕의 화사한 봄을 맞이하고부터는 생각이 많이 달라졌던 기억이 있다.

　낯설고 외롭기만 했던 뉴욕살이가 갑자기 친숙하게 느껴진 계기는 무엇이었을까? 돌이켜 보면 주말 벚꽃 축제가 한창이던 어느 따뜻한 봄날, 브루클린 보타닉 가든Brooklyn Botanic Garden 축제를 다녀온 것이 뉴욕을 빠르게 좋아하게 된 커다란 전환점이 되었던 것 같다.

　브루클린 보타닉 가든의 벚꽃 축제는 뭐랄까. 굉장히 따뜻한 느낌을 준다. 화려한 대규모 페스티벌이라는 거창함을 느끼게 하면서도 마치 동네잔치인 것 같은 편안함을 준다. 뉴욕 도심에서 약간 벗어난 브루클린 한구석, 조용하면서도 평화로운, 자연미가 살아 있는 이 공원은 뉴욕이면서도 뉴욕이 아닌 듯한 시골스러움이 사람들을 편안하게 이끈다. 게다가 벚꽃이라는 이국적인 화종花種이 만개한 너른 잔디밭을

◆ 벚꽃 축제가 한창인 브루클린 보타닉 가든 전경

뉴욕
핫플레이스의
어제와 오늘

걷고 있노라면 여기가 미국인지, 일본인지, 아니면 그 어딘가인지 모를 정도로 이색적인 느낌을 받게 된다.

추웠던 겨울을 뒤로하고 화사하고 따스한 봄볕이 찾아드는 계절, 가족·연인·친구들과 삼삼오오 모여 걷고, 눕고, 떠들고, 놀고, 구경하는 사람들을 보다 보니, 새로운 곳에서 잔뜩 긴장되어 있던 마음의 근육이 나도 모르게 슬슬 풀리면서 서서히 이곳 생활에 적응해 가는 나를 느끼게 되었던 것 같다. 그러면서 내가 지금 뉴욕에서 살고 있구나, 뉴요커로 이들과 자연스레 어울리며 살 수도 있겠다는 안도감과 약간의 자신감이 스며들었던 것 같다. 언제 생각해도 당시 그 느낌은 대단히 따뜻하고 편안했던 기억으로 남아 있다.

1910년 개장한 이 식물원은 매년 9십만 명 이상의 관광객이 찾아드는 도심 속 공원으로 약 14,000여 종의 다채로운 식물들이 자라고 있는 여러 개의 테마 정원과 다양한 온실, 연못, 박물관 등으로 이루어져 있다. 규모만 놓고 보면 뉴욕 최대인 브롱크스 뉴욕식물원New York Botanical Garden보다 작지만, 다채로움이나 이국적인 면에 있어선 가히 비교 불가할 만큼 개성이 뚜렷하다.

3월 목련, 4월 벚꽃, 5월 모란과 스패니시 블루벨, 6~7월 수국 등 사계절 제각기 아름다움을 뽐내는데, 특히나 4~5월 봄날의 벚꽃Cherry blossom 축제가 매우 유명하다. '뉴욕에 웬 벚꽃 축제?' 하고 의아해할 수도 있지만, 미국 대도시에는 생각 이상으로 벚꽃이 많이 심겨 있고 소위 체리블로섬<sup>벚꽃</sup> 축제를 여는 곳도 많다. 그 이유 중 하나로, 2차 세계대전 후 미국에 이민해 온 일본 이민 1세대들의 커뮤니티가 크게 형성되면서 그들의 국화<sup>國花</sup>인 벚꽃이 많이 심어진 까닭도 있다고 한다.

벚꽃 축제 입장료는 가든 입장료와는 별도로 내야 하고 사람들도 붐벼서 주말 아침 일찍부터 서두르지 않으면 줄 서는 데 시간을 다 허비할 정도인데, 특히나 시즌 중에는 벚꽃의 개화 정도가 가든 홈페이지에 매일 업데이트되기 때문에 미리 잘 확인하고 가장 좋은 타이밍을 골라 방문하는 것이 좋다.

가든 입구를 들어서서 조금 걷다 보면 아주 넓은 광장이 나온다. 이곳이 화려한 겹벚꽃<sup>Prunus Kanzan</sup>으로 유명한 체리 에스플러네이드<sup>Cherry Esplanade</sup>이다. 너른 잔디밭 양옆으로 벚꽃이 길게 늘어서 있는데, 잔디밭에 앉거나 누워 따스한 봄 햇볕을 즐기는 뉴요커들을 보고 있노라면 푸른 하늘, 화려한 벚꽃, 초록색 잔디가 햇볕과 어우러져 평화로움이란 이런 게 아닐까 느껴진다.

보타닉 가든 내 또 하나의 명소는 일본식 정원을 흉내 낸 재패니즈 힐 앤 폰드 가든<sup>Japanese Hill-and-Pond Garden</sup>이다. 1914년 일본인 건축가 Takeo Shiota가 조성한 정원인데, 일본 밖에 지어진 오래된 일본식 정원 중 하나로 알려져 있다. 정원 주변으로는 땅이나 연못에 닿을 듯 길게 늘어뜨린 벚꽃 가지들이 아름드리 자태를 뽐내고 있는데, 브루클린 보타닉 가든을 이국적으로 만드는 가장 인상적인 곳이라 할만하다.

◆ 브루클린 보타닉 가든 벚꽃 축
제 인파 1

◆ 브루클린 보타닉 가든 벚꽃 축
제 인파 2

봄에 찾는 브루클린 보타닉 가든에서는 꼭 놓치지 말아야 할 행사가 하나 있다. 바로 뉴욕 거주 일본 커뮤니티가 주최하는 일본 전통축제 '사쿠라 마츠리Sakura Matsuri (벚꽃 축제라는 뜻)'이다. 어떤 선입견 없이 벚꽃이 일본의 국화國花이므로 벚꽃 축제도 일본인들이 주최하는 페스티벌이겠거니 하고 관람하다 보면, 이들 커뮤니티가 준비하고 공연하는 이 행사가 매우 다채롭고 흥미롭게 꾸며졌다는 생각이 절로 든다.

◆ 브루클린 보타닉 가든 안에 있는 재패니즈 힐 앤 폰드 가든(Japanese Hill-and-Pond Garden) (자료: New York City, Yesterday & Today)

기모노 차림의 여성들이 일본 전통극을 노래하고, 농부 의상을 한 남녀들이 모내기 춤을 추는가 하면, 칼춤·북춤·가극 등 다양한 프로그램들이 하루 종일 공연된다. 한가로이 벚꽃을 구경하다가 잠시 앉아 공연을 보고, 다시 벚꽃을 즐기다가 다시 앉아 구경하고, 집에서 준비해 온 샌드위치를 하나 먹으며 또 구경하다 보면 어느새 하루가 훌쩍 지나간다.

공연하는 사람들을 가만히 보면 대부분 뉴욕에 거주하는 일본 이민 3세대 정도 되는 젊은이들인 것을 알 수 있는데, 이미 미국인으로 자랐을 법한 젊은 이민 세대가 외국인들 앞에서 고국의 전통문화를 알리는 행사를 이렇게 매년 꾸준히 하고 있다는 사실이 놀랍기까지 하다. 지금까지 40년 넘게 이런 행사가 이어졌다고 하니, 해외에 있는 우리 커뮤니티도 외국 현지에서 이런 전통 행사 하나쯤은 오랫동안 할 수 있으면 좋겠다는 생각이 들었다.

◆ 브루클린 보타닉 가든 벚꽃 축제 프로그램인 '사쿠라 마츠리(Sakura Matsuri)'

브루클린 보타닉 가든을 찾아야 하는 또 다른 이유는 바로 옆 건물이 유명한 브루클린 뮤지엄이기 때문이다. 브루클린 뮤지엄은 맨해튼에 소재한 많은 유명 뮤지엄에 비해 대중적 인지도는 낮은 편이지만, 실상을 놓고 보면 그 어느 곳과 비교해도 결코 떨어지지 않는 매우 유서 깊은 박물관이다.

우선 뮤지엄 건물만 보아도 매우 웅장하고 화려한데, 앞서 소개한 보자르 양식 건물 중 하나임을 알 수 있다. 뮤지엄을 관람하면서 느낀 점은 이 박물관이 맨해튼이 아닌 브루클린에 소재한다는 이유 하나만으로 너무 과소평가되어 있다는 사실이다. 오롯이 미국의 역사와 문화만을 보고 싶다면 오히려 브루클린 뮤지엄이 최고의 선택이 될 수도 있을 만큼 미국의 유물과 미술, 조각 등이 집중적으로 전시되어 있다.

뉴욕을 방문해서 박물관을 살펴볼 계획이 있다면 반드시 들러 볼 것을 추천한다. 특히 5층의 미국·유럽 회화관에는 유명 유럽 화가들뿐 아니라 사전트 John Singer Sargent, 오키프 Georgia O'Keeffe, 에킨스 Thomas Eakins 등 유명 미국 화가들의 그림이 많이 전시되어 있어 미국의 미술이 그동안 어떻게 발전되어 왔는지를 한눈에 볼 수 있는 매우 인상적인 전시관이다.

맨해튼이 오랜 핫플레이스들로 가득한 전통의 강호라면 브루클린은 떠오르는 핫플레이스들로 가득한 신생 명문이다. 브루클린 브리지에서 시작해 다채로운 브런치 카페, 각종 빈티지 숍 등 젊은 세대가 많이

뉴욕
핫플레이스의
어제와오늘

찾는 다양한 스폿spot이 가득한 곳으로, 뉴욕 핫플레이스의 미래는 점점 맨해튼에서 브루클린으로 옮겨 갈 가능성이 커 보인다. 여기에 관광 포인트가 점점 기존의 '보는 것'에서 '체험하는 것'으로 바뀌면서 다양한 행사를 직접 체험하고자 하는 관광 수요가 계속 늘고 있다.

이런 면에서 브루클린 보타닉 가든의 벚꽃 축제는 최근 트렌드에도 잘 맞는다. 이 독특한 가든에서의 체험은 하루를 온전히 내어주어도 아깝지 않을 만큼 풍성한 추억거리를 선사해 줄 것이라고 감히 말하고 싶다.

# #20

# 쇼핑 천국 뉴욕에서도 가장 크고 오래된
# 공룡 스토어, 메이시스

뉴욕에는 정말 많은 스토어가 있고 큰 백화점들도 즐비하지만 그중에서도 가장 크고 오래된 백화점이 어디냐고 묻는다면 답은 맨해튼 한복판 헤럴드 스퀘어Herald Square에 위치한 메이시스Macy's일 것이다. 메이시스는 뉴욕을 처음 방문해서 지인에게 줄 선물을 사거나, 직접 쓸 생활용품을 살 때, 그 어느 때나 가장 먼저 떠올리게 되는 백화점이고, 뉴욕에 있는 백화점은 어떤지 구경하고 싶을 때도 가장 둘러보기 좋은 곳이다.

　그 크기가 하도 넓어 하루 새 다 돌아보기 어려울 정도로 다양한 상품들이 전시되어 있는데, 한 번 다녀갔던 매장을 다시 찾아가기 어려울 정도로 넓고 복잡하다. 한쪽에서 초현대식 에스컬레이터가 오르내리는가 하면 다른 한쪽 구석엔 100년은 되었을 법한 옛날식 에스컬레이터가 여전히 운행 중인, 과거와 현재가 공존하는 복합 매장이며, 가격 스펙트럼도 넓어 고가에서 중저가, 상류층부터 서민층까지 모든 소비자층을 아우르는 초대형 스토어이다.

◆ 메이시스 앞 인파

◆ 메이시스 주관 추수감사절 축제 모습

뉴욕에서 메이시스가 갖는 상징성이 얼마나 큰지는 대표 축제인 추수감사절 퍼레이드를 메이시스가 주관하는 것만 보아도 알 수 있다. 미국의 추수감사절 퍼레이드는 주州별로 특색 있게 진행되는데 뉴욕은 메이시스가 주관하는 퍼레이드Macy's Thanksgiving Day Parade를 1924부터 계속해 오고 있다. 추수감사절 날 각종 유명 캐릭터 대형 벌룬Balloon 을 띄워 6번 애버뉴를 시가행진하면 구름 같은 인파들이 몰려 구경하는데, 마지막에는 모두 메이시스 앞 광장에 모여 브로드웨이 쇼 하이라이트를 생중계하는 것으로 유명하다.

　다른 백화점에서는 볼 수 없는, 메이시스만이 갖는 또 다른 특출한 점은 이 백화점의 광범위한 고객 수용성이다. 앞서 언급한 대로 메이시스의 상품 가격대는 천차만별이다. 대부분 백화점이 특정 고객층을 겨냥하여 차별화된 마케팅 전략을 구사하는 것과는 달리 메이시스는 거의 모든 고객층을 대상으로 거의 무차별한 마케팅을 펼치고, 거의 없는 게 없을 정도로 많은 상품을 판매한다.

　'백화점'이라는 의미 그대로가 가장 잘 적용되는 백화점이라 할 만하다. 아주 오래전에 백화점이란 개념을 거의 처음 도입했고 전 세계 무수한 백화점들의 벤치마킹 모델이 되었다는 사실만으로도 쇼핑 업계에서 메이시스가 갖는 의미는 독보적이다. 그렇다면 메이시스가 어떻게 시작되어 지금에 이르렀는지 그 역사를 간단히 살펴보자.


　뉴욕에서 가장 먼저 쇼핑가가 형성된 지역은 지금의 다운타운 지역시청부터 소호가 시작되는 휴스턴 스트리트Houston Street까지 이어진 남쪽 브로드웨이 인근 지역이었다. 주로 건조물을 진열해 놓고 팔았던 스튜어트 건조물 상점A.T. Stewart Dry Goods Store이 그 시초였는데, 19세기 중반까지 상당 기간 뉴욕 대표 상점으로 자리매김한다.

메이시스의 창립자 롤랜드 메이시(Rowland H. Macy)가 1858년 작고 아담한 건조물 상점을 개장하는데, 그는 외곽에 있는 많은 소형 소매상들이 다운타운 상가에 군집된 대형 소매상들과의 경쟁에서 밀리고 있는 점에 착안하여, 소형 소매상들의 물건을 한데 모아 저렴하게 파는 이른바 '규모의 경제'로 사업을 키운다. 이런 사업 방식이 거듭 성공하면서 판매 물품도 다양해지는데, 1870년에는 건조물뿐 아니라 가구·모피·의류·서적·가정용품·주방기기 등 각종 상품을 모아 진열해 놓고 파는 백화점식 판매를 시작한다.

또한 메이시는 1863년 그 당시까지 개념이 없던 '창고 정리 세일clearance sale'을 최초로 도입하는가 하면, 1874년에는 마네킹 인형과 장난감 등을 이용해 계절별로 쇼윈도를 달리 전시하는 '시즈널 디스플레이'를 시작한다. 당시로서는 매우 파격적이고 참신한 마케팅 기법이었다. 1875년에는 그동안 메이시스가 주로 활용했던 헐값 판매 이미지를 청산하고 소비자에게 필요한 상품을 정상가로 당당하게 판매한다는 정상가 판매 이미지를 구축하는 데 힘쓰며 업계의 리더로 환골탈태한다.

지금의 백화점Department Store 개념이 실제로 널리 쓰이기 시작한 건 롤랜드 메이시가 세상을 뜬 1877년이 한참 지난 1890년대였다. 백화점이 일반인들의 생활 속에 친숙하게 자리 잡으면서 뉴욕 최대 백화점인 메이시스의 위상도 따라서 높아진다. 19세기 말~20세기 초, 그동안 다운타운에만 머물렀던 뉴욕의 중심 무대가 점차 북상하게 되자 당시 패션, 호텔, 레스토랑, 극장, 클럽 등 거의 모든 상권이 미드타운 지역으로 이동하면서 메이시스도 자리를 옮길 필요성을 느낀다. 마침내 1902년 브로드웨이와 34번 스트리트가 교차하는 헤럴드 스퀘어로 자리를 옮기는데, 현재 그 자리에서 무려 120년 이상 세계에서 가장 큰 백화점의 위상을 지키며 명맥을 유지하고 있는 셈이다.

◆ 처음 건조물 상점으로 오픈했던 1858년 당시의 메이시스
(자료: The Historical Atlas of New York City)

앞서 말한 것처럼 뉴욕에는 메이시스 외에도 많은 백화점이 있다. 중저가 위주의 대중적인 백화점 노드스톰Nordstorm, 중고가 위주의 깔끔한 디스플레이로 유명한 블루밍 데일즈Bloomingdale's, 고가이면서 가장 뉴욕스럽다는 바니스 뉴욕Barney's New York, 여성 액세서리 특화 백화점 헨리 벤델Henri Bendel, 록펠러 센터 앞 크리스마스 전시로 유명한 삭스 피프스Saks Fifth, 가격에 0이 하나 더 붙는다는 초고가 백화점 버그도프 굿맨Bergdorf Goodman, 도심 속 아웃렛 센추리21Century21 Department Store 등 각각 타깃 소비층이나 주류 상품, 주요 가격대 등을 차별화하여 저마다의 특색을 뽐내는 개성에 찬 백화점들이 공존한다.

그러나 이렇게 많은 백화점 가운데서도 메이시스가 차지하는 미국 내 위상은 남다르다. 역사도 역사려니와 그 압도적인 규모 때문에 뉴욕뿐 아니라 미국을 통틀어 대중성과 상징성이 가장 뛰어난 백화점으로 평가된다. 디지털 시대에 온라인 쇼핑이 대세를 이루는 지금 세계에서 가장 큰 오프라인 규모가 뭐 그리 대단하냐고 반문할지 모르지만, 막상 뉴욕 한복판 메이시스를 돌아보고 나면 생각이 달라진다.

이 정도면 단순한 백화점이라기보단 뉴욕을 대표하는 하나의 랜드마크라고 해야 한다. 아이쇼핑을 하는 것만으로도 지치고, 다리가 아플 만큼 압도적인 느낌을 주는 이 공룡 같은 거대 스토어를 몇 번 드나들다 보면 나도 모르게 미국 자본주의의 현장을 체험하고 있음을 깨닫게 된다.

◆ 메이시스 한편에서 아직도 운행 중인 구식 에스컬레이터

◆ 센추리 21 백화점 내부 모습

뉴욕
핫플레이스의
어제와 오늘

# 뉴욕은 어떻게
# 뉴욕이 됐을까?

**초판 1쇄 발행** 2023년 7월 12일
**초판 2쇄 발행** 2023년 10월 26일
**지은이** 최재용

**펴낸이** 김양수
**책임편집** 이정은
**편집디자인** 안은숙
**교정** 조준경

**펴낸곳** 휴앤스토리
**출판등록** 제2016-000014
**주소** 경기도 고양시 일산서구 중앙로 1456(주엽동) 서현프라자 604호
**전화** 031) 906-5006
**팩스** 031) 906-5079
**홈페이지** www.booksam.kr
**블로그** http://blog.naver.com/okbook1234
**포스트** http://naver.me/GOjsbqes
**인스타그램** @okbook_
**이메일** okbook1234@naver.com

**ISBN** 979-11-89254-88-9 (03940)

맑은샘, 휴앤스토리 브랜드와 함께하는 출판사입니다.